分析化学实验

（第二版）

主　编　邓海山　张建会

副主编　姚卫峰　丁宗庆　黄朝表　杨　艳

　　　　徐康宁　徐　林　钟建军　贺凤伟

参　编　朱秀慧　朱安宏　韩疏影　韦国兵

　　　　石明娟　王　莹　张孟雄

主　审　池玉梅

华中科技大学出版社

中国·武汉

内 容 提 要

本书介绍化学分析实验和仪器分析实验的基础知识、基本操作及基本用途。全书分六个部分:分析化学实验基础知识、分析化学实验的基本操作、化学分析实验、仪器分析实验、综合性与设计性实验、附录(仪器的操作规程)。其中包括24个化学分析实验、28个仪器分析实验、17个综合性与设计性实验,可供不同专业方向的分析化学实验课程选做。

本书规范基本操作,强调基本训练,注重能力培养,旨在进一步加深学生对分析化学课程理论知识的理解和应用,培养学生分析问题、解决问题的能力。

本书是全国应用型本科院校化学课程统编教材,可作为不同专业方向的分析化学实验教材,也可作为相关专业技术人员的参考书。

图书在版编目(CIP)数据

分析化学实验/邓海山,张建会主编. —2版. —武汉:华中科技大学出版社,2019.1(2024.7重印)
全国应用型本科院校化学课程统编教材
ISBN 978-7-5680-4920-7

Ⅰ.①分… Ⅱ.①邓… ②张… Ⅲ.①分析化学-化学实验-高等学校-教材 Ⅳ.①O652.1

中国版本图书馆 CIP 数据核字(2019)第 012564 号

分析化学实验(第二版)   邓海山   张建会   主编
Fenxi Huaxue Shiyan

策划编辑:王新华
责任编辑:王新华
封面设计:原色设计
责任校对:阮 敏
责任监印:周治超
出版发行:华中科技大学出版社(中国·武汉)   电话:(027)81321913
         武汉市东湖新技术开发区华工科技园   邮编:430223
录   排:华中科技大学惠友文印中心
印   刷:武汉开心印印刷有限公司
开   本:787mm×1092mm 1/16
印   张:9.75
字   数:250千字
版   次:2024年7月第2版第4次印刷
定   价:28.00元

第二版前言

　　分析化学是高等学校化工、医药、石油、环境等专业学生的一门极其重要的专业基础课。分析化学实验是分析化学课程的重要组成部分。它通过实验的方法,使学生深入理解和巩固在分析化学课堂中所学的理论知识,并使学生正确、熟练地掌握化学分析和仪器分析的基本操作和技能。通过实验,学生可学会正确、合理地选择实验条件和实验仪器,善于观察实验现象和进行实验记录,正确处理数据和表达实验结果;培养良好的实验习惯、实事求是的科学态度和严谨细致的工作作风,以及独立思考,分析问题、解决问题的能力;逐步掌握科学研究的技能和方法,为后续课程的学习和将来工作奠定良好的实践基础。

　　本书由邓海山、张建会主编,池玉梅主审。参加本书编写的有:南京中医药大学邓海山、姚卫峰、韩疏影,吉林大学珠海学院张建会,汉江师范学院丁宗庆,浙江师范大学黄朝表,黔南民族师范学院杨艳,河套学院徐康宁,聊城大学东昌学院徐林,电子科技大学中山学院钟建军,辽宁科技学院贺凤伟,营口理工学院朱秀慧,南京中医药大学翰林学院朱安宏,江西中医药大学韦国兵,中国计量学院石明娟,佳木斯大学王莹,长江大学工程技术学院张孟雄。

　　在本书的编写过程中,编者参阅了相关书籍和资料,第一版作者付出了大量的劳动,打下了良好的基础,在此一并表示衷心的感谢!华中科技大学出版社的编辑们为本书的出版做了大量细致的工作,在此对他们致以诚挚的谢意!

　　由于编者水平有限,书中难免存在不妥之处,敬请指正。

编　者

2018 年 12 月

目　　录

第1章　分析化学实验基础知识…………………………………………………（1）

1.1　分析化学实验课的任务和要求 ……………………………………………（1）

1.1.1　分析化学实验课的任务 …………………………………………………（1）

1.1.2　分析化学实验课的要求 …………………………………………………（1）

1.2　分析化学实验的一般知识 …………………………………………………（1）

1.2.1　实验室注意事项 …………………………………………………………（1）

1.2.2　分析实验用纯水 …………………………………………………………（2）

1.2.3　试剂的基础知识 …………………………………………………………（3）

1.3　实验数据的记录和实验报告 ………………………………………………（4）

1.3.1　测量数据的取舍 …………………………………………………………（4）

1.3.2　有效数字及其运算规则 …………………………………………………（5）

1.3.3　实验数据的采集、处理 …………………………………………………（6）

1.3.4　实验报告的基本格式 ……………………………………………………（6）

第2章　分析化学实验的基本操作………………………………………………（8）

2.1　分析天平及其基本操作 ……………………………………………………（8）

2.1.1　电光分析天平 ……………………………………………………………（8）

2.1.2　电子分析天平 ……………………………………………………………（9）

2.1.3　称量方法 …………………………………………………………………（10）

2.2　常用玻璃器皿 ………………………………………………………………（11）

2.2.1　常用玻璃器皿的种类及用途 ……………………………………………（11）

2.2.2　容量分析器皿的基本操作 ………………………………………………（12）

2.2.3　容量器皿的洗涤 …………………………………………………………（14）

2.3　常用分析仪器及其使用方法 ………………………………………………（15）

2.3.1　酸度计及其使用 …………………………………………………………（15）

2.3.2　紫外-可见分光光度计及其使用 …………………………………………（17）

2.3.3　气相色谱仪及其使用 ……………………………………………………（18）

2.3.4　高效液相色谱仪及其使用 ………………………………………………（19）

第3章　化学分析实验……………………………………………………………（23）

实验1　电光分析天平减量法称量练习 ………………………………………（23）

实验2　电子分析天平的称量练习 ……………………………………………（25）

实验3　容量分析器皿的使用和校准 …………………………………………（27）

实验4　滴定分析法的基本操作练习 …………………………………………（29）

实验5　0.1 mol/L NaOH 标准溶液的配制与标定 …………………………（32）

实验6　有机酸含量测定 ………………………………………………………（33）

实验 7　铵盐中氮含量的测定(甲醛法) ……………………………………………… (35)

实验 8　0.1 mol/L HCl 标准溶液的标定及工业纯碱总碱量的测定 ……………… (36)

实验 9　0.1 mol/L 高氯酸标准溶液的配制与标定 …………………………………… (38)

实验 10　枸橼酸钠的含量测定 ………………………………………………………… (39)

实验 11　银量法标准溶液的配制与标定 ……………………………………………… (40)

实验 12　溴化钾的含量测定(莫尔法) ………………………………………………… (42)

实验 13　0.01 mol/L EDTA 标准溶液的配制与标定 ………………………………… (43)

实验 14　水的硬度测定 ………………………………………………………………… (44)

实验 15　0.01 mol/L ZnSO₄ 标准溶液的配制与标定 ………………………………… (46)

实验 16　白矾中铝含量的测定 ………………………………………………………… (47)

实验 17　溶液中铋和铅的连续测定 …………………………………………………… (48)

实验 18　0.1 mol/L 硫代硫酸钠标准溶液的配制与标定 …………………………… (49)

实验 19　间接碘量法测定铜含量 ……………………………………………………… (51)

实验 20　0.05 mol/L I₂ 标准溶液的配制与标定 ……………………………………… (53)

实验 21　直接碘量法测定维生素 C 的含量 …………………………………………… (54)

实验 22　0.02 mol/L 高锰酸钾标准溶液的配制与标定 ……………………………… (55)

实验 23　双氧水中过氧化氢的含量测定 ……………………………………………… (56)

实验 24　沉淀法——硫酸钡法 ………………………………………………………… (57)

第 4 章　仪器分析实验 ……………………………………………………………… (62)

实验 1　醋酸的电位滴定 ……………………………………………………………… (62)

实验 2　自来水中氟含量的测定 ……………………………………………………… (64)

实验 3　永停滴定法标定碘标准溶液浓度 …………………………………………… (65)

实验 4　库仑滴定法测定维生素 C 片中维生素 C 的含量 ………………………… (66)

实验 5　分光光度计的使用与性能检验 ……………………………………………… (69)

实验 6　标准曲线法测定高锰酸钾含量 ……………………………………………… (70)

实验 7　标准曲线法测定芦丁含量 …………………………………………………… (71)

实验 8　维生素 B₁₂ 的鉴别与注射液含量测定 ……………………………………… (73)

实验 9　邻二氮菲法测定水中微量铁 ………………………………………………… (75)

实验 10　邻二氮菲分光光度法测定铁条件试验 …………………………………… (77)

实验 11　紫外吸收光谱法测定蒽醌的含量和摩尔吸光系数 ……………………… (78)

实验 12　红外分光光度计的使用与固体样品的制备 ……………………………… (79)

实验 13　硫酸奎宁的荧光法分析 …………………………………………………… (80)

实验 14　荧光分析法测定维生素 B₂ 含量 ………………………………………… (81)

实验 15　原子吸收分光光度法测定水中铜(钙、镁)的含量 ……………………… (82)

实验 16　硅胶 G 薄层板的制作与活度的测定 …………………………………… (84)

实验 17　氧化铝的活度测定 ………………………………………………………… (85)

实验 18　薄层色谱法分离与定性鉴别 ……………………………………………… (88)

实验 19　柱色谱法分离甲基橙与亚甲基蓝 ………………………………………… (91)

实验 20　有机酸的纸色谱定性 ··· (92)

实验 21　气相色谱仪的基本操作与色谱柱性能检查 ····························· (94)

实验 22　气相色谱法定量分析(内标一点法) ···································· (96)

实验 23　气相色谱法定量分析(内标校正因子法) ····························· (97)

实验 24　气相色谱法定量分析(归一化法) ·· (99)

实验 25　气相色谱法定性分析 ··· (100)

实验 26　高效液相色谱仪的基本操作与色谱柱性能检查 ···················· (101)

实验 27　高效液相色谱法定量分析(外标法) ·································· (102)

实验 28　核磁共振波谱法测定乙酰乙酸乙酯互变异构体的相对含量 ····· (104)

第 5 章　综合性与设计性实验 ··· (106)

实验 1　混合碱样品各组分含量测定 ··· (106)

实验 2　有机酸摩尔质量的测定 ··· (107)

实验 3　水中化学耗氧量(COD)的测定 ·· (108)

实验 4　昆布中碘含量的测定 ·· (109)

实验 5　重铬酸钾法测定铁矿石中铁的含量 ······································· (111)

实验 6　大豆中钙、镁、铁含量的测定 ·· (112)

实验 7　肉制品中亚硝酸盐含量的测定 ·· (114)

实验 8　双波长分光光度法测定安钠咖注射液中咖啡因的含量 ············ (116)

实验 9　微量萃取分离-紫外分光光度法测定饮料中咖啡因含量 ··········· (118)

实验 10　蔬菜、水果中总抗坏血酸的测定方法(GB/T 12392—1990) ····· (120)

实验 11　离子交换树脂交换容量的测定 ·· (121)

实验 12　纸层析法分离 Ni^{2+}、Co^{2+}、Cu^{2+}、Fe^{3+}、Mn^{2+} 等金属离子 ······· (124)

实验 13　气相色谱法测定麝香祛痛搽剂中樟脑、薄荷脑、冰片含量 ········ (125)

实验 14　高效液相色谱法对混合样品的定性分析 ······························· (126)

实验 15　混合磷酸盐分析(设计性) ·· (127)

实验 16　葡萄糖酸钙锌口服溶液的含量测定(设计性) ······················ (128)

实验 17　高效液相色谱法定量分析(设计性) ···································· (128)

附录　仪器操作规程 ··· (130)

附录 A　752 型紫外-可见分光光度计操作规程 ···································· (130)

附录 B　722 型紫外-可见分光光度计操作规程 ···································· (130)

附录 C　722S 型分光光度计操作规程 ··· (131)

附录 D　UV-1100 型紫外-可见分光光度计操作规程 ····························· (132)

附录 E　UV-2401 型紫外-可见分光光度计操作规程 ····························· (133)

附录 F　UV-5500 型紫外-可见分光光度计操作规程 ····························· (133)

附录 G　Nicolet IR-100 型红外分光光度计操作规程 ···························· (134)

附录 H　Nicolet iS 5 型红外分光光度计操作规程 ································· (135)

附录 I　970 CRT 型荧光分光光度计操作规程 ····································· (136)

附录 J　AA-6300 C 型原子吸收分光光度计操作规程 ···························· (136)

附录 K　SP2100 型气相色谱仪操作规程 ……………………………………………… (137)

附录 L　GC-1120 型气相色谱仪(FID)操作规程 ……………………………………… (138)

附录 M　Agilent 1100 型高效液相色谱仪操作规程 ………………………………… (138)

附录 N　Agilent 1220 型高效液相色谱仪操作规程 ………………………………… (141)

附录 O　Agilent 1260 型高效液相色谱仪操作规程 ………………………………… (141)

附录 P　Agilent 7890A-5975C 型气相色谱-质谱联用仪操作规程 ………………… (143)

参考文献 ………………………………………………………………………………… (145)

第1章 分析化学实验基础知识

1.1 分析化学实验课的任务和要求

1.1.1 分析化学实验课的任务

分析化学实验教学是分析化学教学过程中十分重要的教学环节,是分析化学理论课程的实践课,旨在培养学生正确地掌握化学分析法和仪器分析法的基本操作及近代各种分析仪器的基本用途,加深对分析化学基础理论、基本概念的理解,确立严格的"量"的概念,培养观察、分析和解决问题的能力,养成严格、认真和实事求是的科学态度,激发学习、实验兴趣和探索精神,为后续专业课程的学习和将来从事各专业工作打下良好的基础。

1.1.2 分析化学实验课的要求

(1)实验前认真预习,领会实验原理,了解实验步骤和注意事项,做到心中有数;写好实验报告的部分内容,列好表格,查好有关数据,以便实验时及时、准确地记录和处理数据。

(2)实验中严格按照要求,规范操作;做到手脑并用,善于思考,仔细观察实验现象并及时记录;自觉遵守实验室规则,保持实验室整洁、安静,实验台桌面整洁,仪器安置有序,注意安全、节约。

(3)实验完毕及时洗涤、清理实验仪器,做好实验室卫生;及时完成实验报告,并运用所学的理论知识解释实验现象,分析实验中的问题。

1.2 分析化学实验的一般知识

1.2.1 实验室注意事项

(1)严格遵守实验室各项规章制度。

(2)保持实验室的整洁与安静,注意实验台、桌面和仪器的整洁。

(3)保持水槽清洁,不将固体物品倒入槽中,实验中的腐蚀性、有毒性废液应倒入指定的相应废液缸内。

(4)爱护仪器,严格遵照仪器操作规程使用;节约试剂、水、电。

(5)注意实验安全,严格按照操作规程进行实验。配制挥发性、刺激性溶液应在通风橱中进行;配制强酸溶液时,应将浓酸缓慢加入水中,不可将水倒向浓酸中。

(6)使用汞盐、氰化物、三氧化二砷、钡盐、重铬酸盐等有毒试剂时应特别小心。严禁在酸性介质中加入氰化物,以免产生氰化氢而导致中毒。

(7)使用乙醚、苯、三氯甲烷等有毒或易燃有机溶剂时,要远离火源或热源,残液要倒入溶剂回收瓶中。

(8)试剂切忌入口,实验器皿禁作食具,离开实验室时要仔细洗手,如曾使用过毒物,还应漱口。

1.2.2　分析实验用纯水

纯水是分析化学实验中最常用的纯净溶剂和洗涤剂。纯水并不是绝对不含杂质,只是杂质的含量极其微小。制备纯水的方法不同,水中含杂质情况也不相同。分析化学实验室用的纯水一般有蒸馏水、二次蒸馏水、去离子水、无二氧化碳蒸馏水、无氨蒸馏水等。我国实验室用水的国家标准(GB/T 6682—2008)规定了实验室用水的级别、技术指标、制备方法及检验方法。

1. 水的规格

根据中华人民共和国国家标准(GB/T 6682—2008)《分析实验室用水规格和试验方法》的规定,分析化学实验室用水分为三个级别,见表 1-1。

表 1-1　分析化学实验室用水的级别及主要技术指标(GB/T 6682—2008)

项　目	一　级	二　级	三　级
pH 值范围(25 ℃)			5.0～7.5
电导率(25 ℃)/(mS/m)	≤0.01	≤0.10	≤0.50
可氧化物质(以 O 计)/(mg/L)		0.08	<0.4
蒸发残渣(105±2 ℃)/(mg/L)		≤1.0	≤2.0
可溶性硅(以 SiO₂ 计)/(mg/L)	<0.01	<0.02	

2. 水的选用

应根据实验对水质量的要求,合理选用适当级别的水,并注意节约用水。

通常一级水用于有严格要求的分析化学实验;仪器分析实验一般使用二级水,如原子吸收光谱分析用水、高效液相色谱分析用水等;三级水用于一般的化学分析实验。

为保持实验室使用的蒸馏水纯净,蒸馏水瓶要随时加塞,专用虹吸管内外均应保持干净。蒸馏水瓶附近不要存放浓盐酸、氨水等易挥发试剂,以防污染。

普通蒸馏水保存在玻璃容器中;去离子水保存在聚乙烯塑料容器中;用于痕量分析的高纯水,如二次亚沸石英蒸馏水,则需要保存在石英或聚乙烯塑料容器中。

3. 纯水制备方法

(1)蒸馏法　蒸馏法能除去水中的非挥发性杂质,但不能除去易溶于水的气体。

将自来水在蒸发装置上加热汽化,然后将蒸汽冷凝即得到蒸馏水,可达到三级水的标准,但还有少量金属离子、二氧化碳等杂质。

为了获得比较纯净的蒸馏水,可进行重蒸馏,并在准备重蒸馏的蒸馏水中加入适当的试剂以抑制某些杂质的挥发(如加入甘露醇能抑制硼的挥发,加入碱性高锰酸钾可破坏有机物并防止二氧化碳蒸出),二次蒸馏水一般可达到二级标准。第二次蒸馏通常采用石英亚沸蒸馏器,其特点是在液面上方加热,使液面始终处于亚沸状态,这样可使水蒸气带出的杂质减至最低,因此通常称之为二次石英亚沸蒸馏水,简称亚沸水或二次水。

(2)离子交换法　将自来水或普通蒸馏水依次通过阳离子交换树脂柱、阴离子交换树脂柱和阴阳离子混合交换树脂柱,分离除去水中的杂质离子,所得水称为去离子水。

这样得到的水纯度比蒸馏水纯度高,质量可达到二级或一级水标准,但对非电解质及胶体物质无效,同时会有微量的有机物从树脂溶出,因此,根据需要可将去离子水进行重蒸馏以得到高纯水。

(3)电渗析法　该法是在离子交换技术基础上发展起来的方法,是在直流电场的作用下,应用阴、阳离子交换膜对溶液中离子的选择性透过而去除离子型杂质的方法。此法不能除去非离子型杂质,适合于要求不高的分析工作。

1.2.3　试剂的基础知识

1.试剂的规格与选用

1)化学试剂的规格

化学试剂的规格以其所含杂质多少划分,一般可分为 4 个等级,见表 1-2。

表 1-2　化学试剂的规格

等　级	名　　称	英文名称	符　号	标签标志
一等品	优级纯(保证试剂)	guaranteed reagent	GR	绿色
二等品	分析纯(分析试剂)	analytical reagent	AR	红色
三等品	化学纯	chemical reagent	CP 或 P	蓝色
四等品	实验试剂	laboratorial reagent	LP	棕色等
	生物试剂	biological reagent	BR 或 CR	黄色等

2)选用试剂的一般原则

试剂应根据工作的具体要求合理选用,注意节约。既不要盲目追求高纯度,超规格造成浪费,又不随意降低规格而影响分析结果的准确性。

在一般分析工作中,通常使用 AR 级试剂。此外,有基准试剂、色谱纯试剂、光谱纯试剂等。基准试剂的纯度相当于或高于优级纯试剂,在滴定分析中用于直接法配制标准溶液或用于标定标准溶液;色谱纯试剂在最高灵敏度下无杂质峰出现;光谱纯试剂专门用于光谱分析,以光谱分析时出现的干扰谱线的数目及强度来衡量,即其杂质含量用光谱分析法时已测不出或其杂质含量低于某一限度。选用试剂的一般原则如下。

(1)滴定分析中配制滴定溶液,一般选用分析纯试剂配制,再用基准试剂进行标定。某些情况下(例如对分析结果精度要求不是很高的实验),也可以用优级纯或分析纯试剂代替基准试剂。滴定分析中所用其他试剂一般为分析纯试剂。

(2)仪器分析实验一般使用优级纯试剂或专用试剂,测定微量或超微量成分时应选用高纯试剂。色谱分析中配制流动相一般用色谱纯试剂。

(3)指示剂的纯度往往不太明确,除少数标明如"分析纯"、"试剂四级"外,经常只写明"化学试剂"、"企业标准"或"部颁暂行标准"等。若等级不明,一般只可作化学纯试剂使用。

另外,在分析工作中,选择试剂纯度除了要与所用方法相当外,其他如实验用水、操作器皿等也要与之相适应。若试剂都选用一级的,则不宜使用普通的蒸馏水,而应使用经两次蒸馏制得的重蒸馏水,所用器皿的质量要求也比较高。

2.化学试剂的使用和保管

1)试剂的使用

(1)取用试剂时应注意保持清洁,瓶塞不许随意放置,取用后应立即盖好密封,切不可"张冠李戴",多余的试剂不应倒回试剂瓶内,以防试剂被沾污或变质。

(2)固体试剂用洁净、干燥的小勺取用。取强碱性试剂后的小勺应立即洗净,以免被腐蚀。

(3)用吸管吸取试剂溶液时,绝对不能将未经洗净的吸管插入试剂瓶中取用。

(4)所有盛装试剂的瓶上都应贴有明显的标签,写明试剂的名称、规格;绝对不能在试剂瓶中装入不是标签所写的试剂,因为这样往往造成差错;没有标签标明名称和规格的试剂,在未查明前不能随便使用;书写标签最好用碳素墨水,以免日久褪色,并将标签贴在试剂瓶的 2/3 高度处。

(5)在分析工作中,试剂的浓度及用量应按要求适当使用,过浓或过多,不仅造成浪费,而且可能产生副反应,得不到正确的结果。

2)试剂的保管

试剂的保管在实验室中是一项十分重要的工作,试剂因保管不善而变质失效,不仅是一种浪费,而且会使分析工作失败,甚至引起事故。一般的化学试剂应保存在通风良好、洁净、干燥的房间里,防止被水分、灰尘和其他物质沾污。同时,根据试剂性质的不同应有不同的保管方法。

(1)容易侵蚀玻璃而影响试剂纯度的试剂,如氢氟酸、含氟盐(氟化钾、氟化钠、氟化铵)、苛性碱(氢氧化钾、氢氧化钠)等,应保存在塑料瓶或涂有石蜡的玻璃瓶中。

(2)见光会逐渐分解的试剂(如过氧化氢(双氧水)、硝酸银、高锰酸钾、草酸、铋酸钠等)、与空气接触易被逐渐氧化的试剂(如氯化亚锡、硫酸亚铁、亚硫酸钠等),以及易挥发的试剂(如溴、氨水及乙醇等),均应放在棕色瓶中并置于冷暗处。

(3)吸水性强的试剂,如无水碳酸钠、苛性碱、过氧化钠等应严格密封(蜡封)。

(4)相互易作用的试剂,如挥发性的酸与氨、氧化剂与还原剂,应分开存放;易燃的试剂(如乙醇、乙醚、苯、丙酮)与易爆炸的试剂(如高氯酸、过氧化氢、硝基化合物),应分开储存在阴凉通风、不受阳光直射的地方。

(5)剧毒试剂,如氰化钾、氰化钠、三氧化二砷、二氯化汞等,应特别注意,须由专人妥善保管,严格做好记录,取用时须办理一定手续,以免发生事故。

(6)极易挥发并有毒的试剂,可放在通风橱内,当室温较高时,可在冷藏室内保存。

1.3　实验数据的记录和实验报告

1.3.1　测量数据的取舍

在多次重复测试时,常会发现某一数据与平均值的偏差大于其他所有数据,这在统计学上称为离群值或异常值。这个离群值可能由过失误差引起,也可能由偶然误差引起,但不能任意取舍,须借用统计学方法进行科学的判断。如是过失误差引起的,应舍弃,否则应保留。Q 检验法是分析实验中确定离群值最为常用的一种方法,其优点是直观性强和计算简便。

设有 n 个数据,其递增的顺序为 $x_1,x_2,\cdots,x_n$,其中 x_1 或 x_n 可能为离群值。当测量数据不多($n=3\sim10$ 时),定义

$$Q = \frac{|x_{离群} - x_{相邻}|}{x_{\max} - x_{\min}}$$

具体检验步骤:①将各数据按递增顺序排列;②计算最大值与最小值之差;③计算离群值

与相邻值之差;④计算 Q 值;⑤根据测定次数和要求的置信度,查表 1-3 得到 $Q_{表}$ 值。若计算的 Q 值大于 $Q_{表}$ 值,则该离群值是由过失误差造成的,应予舍弃;否则,应保留。

表 1-3 不同置信度下的 $Q_{表}$ 值

测定次数 n	3	4	5	6	7	8	9	10
$Q(90\%)$	0.94	0.76	0.64	0.56	0.51	0.47	0.44	0.41
$Q(95\%)$	0.97	0.84	0.73	0.64	0.59	0.54	0.51	0.49
$Q(99\%)$	0.99	0.93	0.82	0.74	0.68	0.63	0.60	0.57

1.3.2 有效数字及其运算规则

在科学实验中,要得到准确的测量结果,不仅要准确地测定各种数据,而且要正确地记录和计算。分析结果的数值不仅表示试样中被测成分含量的多少,而且反映了测定的准确程度。要记录和处理实验数据,就需要先了解有效数字的概念。

1. 有效数字

有效数字是指在分析工作中实际上能测量到的数字。其位数由全部准确数字和最后一位可疑数字组成,作用是既能表示数值的大小,又能反映测量的精度。例如:称量记录 18.573 4 g,显然使用的是万分之一(即精确度为 0.1 mg)分析天平,物品质量为 $18.573\ 4\pm0.000\ 2$ g,有 6 位有效数字;滴定液体积记录 24.41 mL,表明滴定管的一次读数误差是 ±0.01 mL,消耗标准溶液体积为 24.41 ± 0.02 mL,有 4 位有效数字。

同时,有效数字的位数直接与测定的相对误差有关。例如,称得某物质量为 0.518 0 g,它表示该物实际质量是 $0.518\ 0\pm0.000\ 2$ g,其相对误差为

$$\pm\frac{0.000\ 2}{0.518\ 0}\times100\% =\pm0.04\%$$

如果称得该物记录为 0.518 g,则表示该物实际质量是 0.518 ± 0.002 g,其相对误差为

$$\pm\frac{0.002}{0.518}\times100\% =\pm0.4\%$$

由此表明,在测量准确度范围内,有效数字位数越多,测量也越准确。但超过测量准确度范围,过多的位数是毫无意义的。

2. 运算规则

1)数字修约规则

按运算法则确定有效数字的位数后,舍入多余的尾数,称为数字修约。其基本原则如下。

(1)四舍六入五成双 测量值中被修约的那个数小于或等于 4 时,舍弃。大于或等于 6 时,进位。等于 5 时,分三种情况讨论:若"5"的后面尾数全部是"0",当"5"的前面是奇数时,进位,如 12.215 00→12.22;若"5"的后面尾数全部是"0",当"5"的前面是偶数时,舍弃,如 12.225 00→12.22;若"5"的后面尾数不全是"0",无论"5"的前面是奇数还是偶数,均进位,如 12.215 10→12.22,12.225 01→12.23。

(2)一次修约 只允许对原测量值一次修约至所需位数,不能分次修约。如 2.234 9 修约为 3 位数时,不能先修约成 2.235,再修约为 2.24,只能一次修约成 2.23。

(3)多一位修约 当数值首位大于或等于 8 时,有效数字可多算一位;在大量数据运算时,为防止误差迅速累积,对参加运算的所有数据可先多保留一位有效数字,待运算后,再将结果

修约成与最大误差数据相当的位数。

(4)标准偏差修约　修约标准偏差和 RSD 时,在大多数情况下,取 1 位有效数字即可,最多取 2 位。

2)运算法则

根据加减法传递绝对误差、乘除法传递相对误差的规则,在进行数据处理时运算法则如下。

(1)加减法　当几个数据相加或相减时,其和或差的有效数字的保留,以小数点后位数最少(即绝对误差最大)的数据为依据。例如 0.012 1、25.64 及 1.057 82 三数相加,因 25.64 中的 4 已是可疑数字,则三者之和为 0.012+25.64+1.058=26.71。

(2)乘除法　几个数据相乘除时,积或商的有效数字的保留,以其中相对误差最大的那个数,即有效数字位数最少的那个数为依据。如求 0.012 1、25.64 和 1.057 82 三数之积,第一个数是 3 位有效数字,其相对误差最大,应以此数据为依据,确定其他数据的位数,然后相乘,则 0.012 1×25.64×1.058=0.328。

(3)在对数运算中,所取对数位数应与真数有效数字位数相等。

(4)在所有计算式中,常数 π、e 的数值以及乘除因子 3、1/2 等的有效数字位数,可认为无限制,即在计算过程中,根据需要确定位数。

1.3.3　实验数据的采集、处理

实验过程中的各种测量数据及有关现象,应及时、准确而清楚地记录下来。记录实验数据时,要有严谨的科学态度,要实事求是,切忌夹杂主观因素,不能随意拼凑和伪造数据。实验中的每一个数据都是测量结果,所以重复测量时,即使数据完全相同,也应记录下来。在实验过程中,如果发现数据算错、测错或读错而需要改动,可将数据用一横线划去,并在其上方写上正确的数字。

记录实验数据和计算结果应保留几位数字是一件很重要的事,不能随便增加或减少位数。表示分析结果应反映客观事实,需与所用的分析方法和测量仪器的准确程度一致。

用分析天平称量时,要求记录至 0.000 1 g;滴定管及移液管的读数,应记录至 0.01 mL;用分光光度计测量溶液吸光度时,现代仪器可记录至 0.001 的读数。

分析化学中还经常遇到 pH、$\lg K$ 等对数值,其有效数字的位数取决于小数部分数字的位数,因整数部分只说明该数的方次。例如,pH=12.68,即 $[H^+]=2.1\times10^{-13}$ mol/L,其有效数字为 2 位,而不是 4 位。

实验过程中涉及的各种特殊仪器的型号和标准溶液浓度等,也应及时准确记录下来。

学生要有专门的实验报告本,标上页码,不得撕去任何一页。实验数据应按要求记在实验记录本或实验报告本上。绝不允许将数据记在单页纸上、小纸片上,或随意记在其他地方。

1.3.4　实验报告的基本格式

实验完毕,要及时而认真地写出实验报告,并在离开实验室前或指定时间内交给老师。实验报告一般包括以下内容。

(1)实验名称和日期。

(2)目的要求。

(3)基本原理　简要地用文字和化学反应式说明,如标定和滴定反应的方程式或基准物和

指示剂的选择,试剂浓度和分析结果的计算公式等。

(4)操作步骤　简明扼要写出。

(5)数据记录。

(6)实验数据处理　应用文字、表格、图形,将数据表示出来,根据实验要求计算出分析结果、实验误差大小等。

(7)问题讨论　对实验教材上的思考题和实验中观察到的现象,以及产生误差的原因进行讨论和分析,以提高自己分析问题和解决问题的能力。

实验报告的各项内容的繁简取舍,应根据各个实验的具体情况而定,以清楚、简练、整齐为原则。实验报告中的有些内容,如原理、表格、计算公式等,要求在实验预习时准备好,其他内容则可在实验过程中,以及实验完成后填写、计算和撰写。

第2章 分析化学实验的基本操作

2.1 分析天平及其基本操作

分析天平是进行定量分析的最重要的精密仪器之一,正确使用分析天平是分析工作的前提。分析天平种类较多,在此介绍目前实验室常用的电光分析天平和电子分析天平。

2.1.1 电光分析天平

1.原理及构件

电光分析天平根据杠杆原理设计制造。实验室中常见的半自动电光分析天平的构造如图2-1所示。

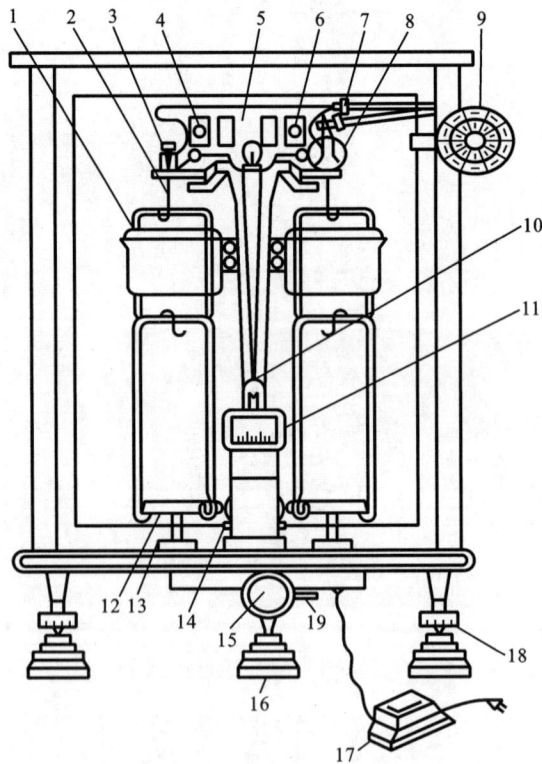

图 2-1 半自动电光分析天平

1—空气阻尼器;2—挂钩;3—吊耳;4,6—平衡砣;5—横梁;7—环码钩;8—环码;9—指数盘;10—指针;
11—投影屏;12—秤盘;13—盘托;14—光源;15—旋钮;16—脚垫;17—变压器;18—螺旋脚;19—拨杆

(1)天平箱 天平箱起保护天平的作用,另外在称量时,减小外界温度、空气流动、人的呼吸等的影响。称量时应随时关门。箱下装有三只脚,前面两只脚是螺旋脚,用于调整天平水平位置,三只脚都放在脚垫中。

（2）支柱和水平泡　支柱是金属做的中空圆柱，下端固定在天平底座中央，支撑着天平横梁。在支柱上装有水平泡，借螺旋脚调节天平放置水平。

（3）天平横梁　天平横梁是天平的主要部件，多用质轻坚固、膨胀系数小的铝铜合金制成，起平衡和承载物体的作用。梁上装有三棱形的玛瑙刀，其中一个装在正中的称为中刀或支点刀，刀口向下，另外两个与中刀等距离地分别安装在梁的两端，称为边刀或承重刀，刀口向上。三个刀口必须完全平行且位于同一水平面上。

（4）吊耳和秤盘　吊耳挂在两个边刀上，下面挂有秤盘。TG-328A 型全自动天平，左盘加砝码，右盘放被称物。TG-328B 型半自动天平，左盘放被称物，右盘放砝码。

（5）空气阻尼器　空气阻尼器由两个特制的金属圆筒构成，外筒固定在支柱上，内筒比外筒略小，悬于挂钩下，两筒间隙均匀，没有摩擦。当梁摆动时，左右阻尼器的内筒也随着上下移动，使筒内外空气的压力不一致，产生抵制膨胀和压缩的力，即产生抑制梁摆动的力。这样，筒内空气阻力使之很快停摆达到平衡，以加快称量速度。

（6）盘托和升降枢　为了使秤盘在不载重时稳定，或在称量时防止梁倾斜过度，在盘下装有盘托；要使天平横梁支撑起来进行称量时，应用旋钮控制升降枢。

（7）平衡砣和拨杆　在梁的上部两端各装有一个平衡砣（螺丝），用来调节天平的零点。在旋钮旁有一根拨杆，可用于微调天平零点。

（8）砝码和环码　半自动电光分析天平 1 g 以下 10 mg 以上的环码由指数盘操纵，如 TG-328B 型：砝码采用 1、2、2*、5 组合系统，每盒放有 1、2、2*、5、10、20、20*、50、100（g）共 9 个砝码，环码采用 1、1*、2、5 方式组合，从前向后依次悬挂的环码是 10、10*、20、50、100、100*、200、500（mg），通过指数盘带动操纵杆加减环码。全自动电光天平的砝码及环码全部由指数盘操纵，如 TG-328A 型的全部砝码悬挂在机械加码器上。

（9）指针和感量螺丝　指针固定在梁的正中，下端的后面有一块刻有分度的标牌，借以观察天平横梁倾斜程度。指针上装有感量螺丝，用来调节梁的重心，以改变天平的灵敏度。可根据指针判断轻重：指针向左偏，左盘轻；指针向右偏，右盘轻。

（10）光学读数装置　在指针下端装有一个透明的微分标尺，后面用灯光照射，标尺经透镜放大 10～20 倍，再由反射镜反射到投影屏上，直接读出 10 mg 以下的质量。可根据投影屏上标尺移动方向判断轻重：标尺光屏向左移动，左盘重；向右移动，右盘重。

2.基本操作

（1）称量　将物品放在秤盘上，估计物品大致质量，加砝码及环码，缓慢打开天平旋钮，根据指针或标尺移动方向判断两边秤盘轻重；关闭天平旋钮，加减环（砝）码（由大到小，折半加减），直至打开天平旋钮时指针停留在标尺范围内。

（2）读数　将砝码、环码、标尺读数累加，并记录（如 21.234 4 g），即为物品质量。

2.1.2　电子分析天平

1.原理、构件及功能

电子分析天平（图 2-2）根据电磁力平衡原理设计制造，是最新一代的天平。

电子分析天平用弹簧片取代电光分析天平的玛瑙刀口作支承点，用差动变压器取代升降枢装置，用数字显示替代刻度指针指示，具有使用寿命长、性能稳定、操作简便和灵敏度高的特点。电子分析天平具有自动校正、自动去皮、超载指示和故障报警等功能以及质量电信号输出功能，可与打印机、计算机联用。

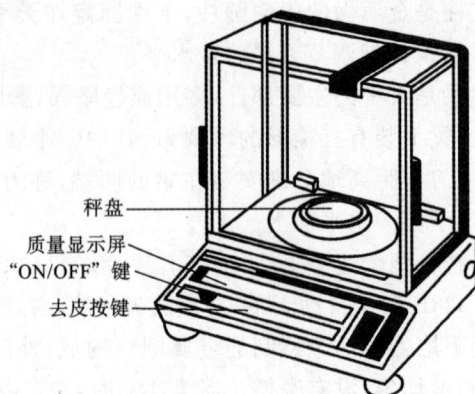

秤盘
质量显示屏
"ON/OFF"键
去皮按键

图 2-2   电子分析天平

分析化学实验室常用电子分析天平的规格为万分之一和十万分之一。

2.基本操作

(1)调水平,接通电源,预热。

(2)按"ON/OFF"键,待自检通过,将物品放于秤盘上,天平达到平衡时记录显示屏读数。

(3)称量结束,按"ON/OFF"键关机(若非长期不用,电源无须断开)。

2.1.3   称量方法

1.指定量称量法

指定量称量法(图 2-3)是指称取一定质量的试样的方法,在标准溶液直接配制和分析实验中常用。称量时根据需要及试样性质,可将试样置于称量纸或干燥的小烧杯、表面皿等器皿内称量,先将器皿称量(如是电子天平,可启用去皮功能),再用小牛角勺逐渐加入试样,直至达到要求的质量。该法适用于称取在空气中不易吸湿的、性质稳定的粉末状样品。

2.减量法(递减称量法或差量法)

此法(图 2-4)将样品置于称量瓶中,先称出称样前样品+称量瓶的质量(m_1),然后从称量瓶内敲出要求质量的样品,再称出敲出样品后样品+称量瓶的质量(m_2),第一份样品质量即为 m_1-m_2;续敲出要求质量的样品并称出敲出样品后样品+称量瓶的质量(m_3),第二份样品质量即为 m_2-m_3。该法特点是连续称取 n 份样品时,只需称量 $n+1$ 次。此法常用于称量易吸水、易氧化或易与 CO_2 反应的物质。

图 2-3   指定量称量法

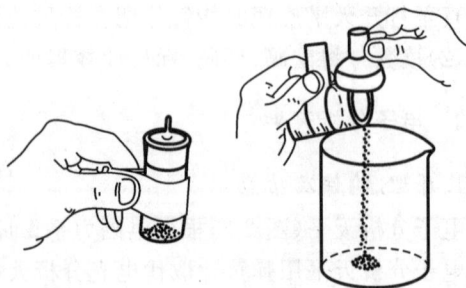

图 2-4   减量法

3. 直接称量法

此法即直接称出样品的质量。通常用于某些在空气中性质稳定的物质,如金属、合金,可将样品放于已知准确质量的干燥、清洁的表面皿或称量纸上,称出质量,减去表面皿或称量纸的质量即为样品质量。

2.2　常用玻璃器皿

2.2.1　常用玻璃器皿的种类及用途

1. 烧杯

烧杯主要用于配制溶液、溶解试样等,可置于石棉网上受热,但不宜烧干。有 25 mL、50 mL、100 mL、250 mL、500 mL、1 000 mL 等规格。

2. 量筒和量杯

量筒、量杯可用于粗略量取液体体积,测量精度不高,不能加热,不能作为反应容器。有 10 mL、25 mL、50 mL、100 mL、250 mL、500 mL、1 000 mL 等规格。

3. 称量瓶

称量瓶可分为扁型和高型两种,前者用于测定水分、干燥失重及烘干基准物质,后者用于称量基准物质、样品,磨口盖要原配。

4. 试剂瓶和滴瓶

试剂瓶有广口和细颈之分,广口瓶用于存放固体,细颈瓶用于存放液体;滴瓶用于存放实验时需滴加的试液。试剂瓶与滴瓶均有棕色的,用于存放见光会分解的物质,都不能受热,若存放碱性溶液需换用橡皮塞。

5. 锥形瓶和碘量瓶

锥形瓶是反应器,便于振荡,滴定分析时常用,可置于石棉网上受热,盛装液体一般不超过 1/2。

碘量瓶是带磨口塞子的锥形瓶(图 2-5)。由于碘液较易挥发而引起误差,因此在用碘量法测定时,反应一般在具有玻璃塞且瓶口带边的锥形瓶中进行,碘量瓶的塞子及瓶口的边缘都是磨砂的。在滴定时可打开塞子,用蒸馏水将挥发在瓶口及塞子上的碘冲洗入碘量瓶中。

6. 滴定管

滴定管是一种细长、内径大小均匀而具有刻度的玻璃管,管的下端有玻璃尖嘴(图 2-6)。常量分析有 25 mL、50 mL 两种容积规格,如 25 mL 滴定管就是把滴定管分成 25 等份,每一等份为 1 mL,1 mL 中再分 10 等份,每一小格为 0.1 mL,读数时,在每一小格间可再估计出 0.01 mL。滴定管用于进行滴定分析,测量在滴定中所用溶液的体积。

滴定管分为酸式滴定管(图 2-6(a))和碱式滴定管(图 2-6(b))。酸式滴定管的下端有玻璃活塞,可盛放酸液及氧化剂,不能盛放碱液,因碱液常使活塞与活塞套黏合,难以转动;碱式滴定管的下端连接橡胶管,内放一颗玻璃珠,以控制溶液的流出,下面再连接尖嘴玻璃管,碱式滴定管只能盛放碱液,不能盛放酸或氧化剂等腐蚀橡胶的溶液。

7. 移液管和吸量管

移液管和吸量管用于准确移取一定体积的液体。移液管中间有膨大部分,称为胖肚吸管

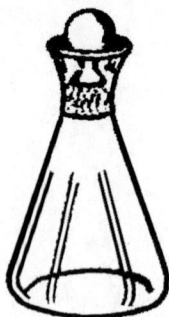

图 2-5　碘量瓶

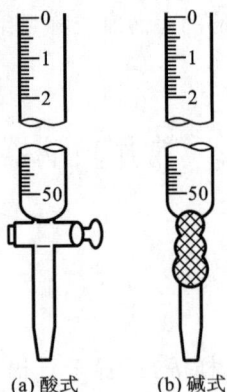

(a)酸式　　(b)碱式

图 2-6　滴定管

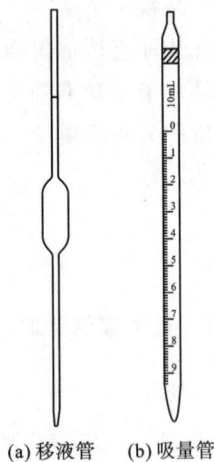

(a)移液管　(b)吸量管

图 2-7　移液管

(图 2-7(a)),常用的有 5 mL、10 mL、25 mL、50 mL 等规格;吸量管具有分刻度,也称为刻度吸管(图 2-7(b)),常用的有 1 mL、2 mL、5 mL、10 mL 等规格。

8.容量瓶

容量瓶是一种细颈梨形的平底瓶,带磨口塞或塑料塞。颈上有标线,表示在所指温度下当溶液到标线时,液体体积恰好与瓶上所注明的体积相等。容量瓶一般用来配制标准溶液或试样溶液。定量分析常用规格有 1 mL、2 mL、5 mL、10 mL、25 mL、50 mL、100 mL 等。

容量瓶不能久贮溶液,尤其是碱性溶液,会侵蚀粘住瓶塞,导致无法打开。因此,配制好溶液后,应将溶液倒入清洁、干燥的试剂瓶中储存,容量瓶不能用火直接加热或烘烤。

2.2.2　容量分析器皿的基本操作

1.滴定管的操作

1)使用前准备

(1)酸式滴定管:为防止滴定管漏水,在使用前要将已洗净的滴定管活塞拔出,用滤纸将活塞及活塞套擦干,在活塞粗端和细端分别涂一薄层凡士林(图 2-8),注意不要涂在塞孔处以防堵塞孔眼,把活塞插入活塞套内,来回转动数次,直到在外面观察时呈透明状即可。在活塞末端套上橡皮圈以防在使用时将活塞顶出。然后在滴定管内装入蒸馏水,置于滴定管架上直立2 min,观察有无水滴下滴,缝隙中是否有水渗出,将活塞转 180°再观察一次,没有漏水即可使用。将标准溶液充满滴定管后,检查管下部是否有气泡。如有气泡,可转动活塞,使溶液急速下流驱赶出气泡。

(2)碱式滴定管:将碱式滴定管洗净,装入蒸馏水,置于滴定台架上直立 2 min,观察有无水滴下滴。如有,则更换为较大的玻璃珠。将标准溶液充满滴定管后,检查管下部是否有气泡。如有气泡,可将橡皮管向上弯曲,并在稍高于玻璃珠所在处用两个手指挤压,使溶液从尖嘴口喷出,即可排尽气泡(图 2-9)。

为了保证装入滴定管的溶液不被稀释,要用该溶液洗涤滴定管三次,每次用 7~8 mL。洗法是注入溶液后,将滴定管横过来,慢慢转动,使溶液流遍全管,然后将溶液自下放出。洗好后,即可装入溶液。装溶液时要直接从试剂瓶倒入滴定管,不要再经过漏斗等中间容器。

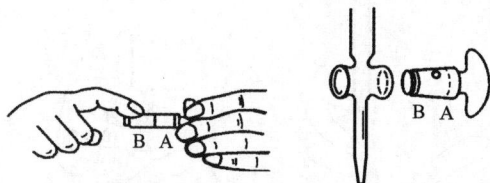

图 2-8　活塞涂油与活塞插入

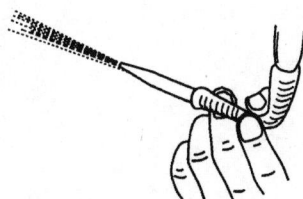

图 2-9　碱式滴定管排除气泡

2）滴定管的读数

读数时，应将滴定管垂直夹在滴定管夹上，并将管下端悬挂的液滴除去。滴定管内的液面呈弯月形，无色溶液的弯月面比较清晰，读数时，眼睛视线与溶液弯月面下缘最低点应在同一水平面上，视线的位置不同会得出不同的读数（图 2-10(a)）。如为乳白板蓝线衬底的滴定管，则取蓝线上下两尖端相对点的位置读数（图 2-10(b)）。为了使读数清晰，也可在滴定管后面衬一张纸片作为背景，形成颜色较深的弯月带，读取弯月带的下缘，可不受光线的影响，易于观察（图 2-10(c)）。深色溶液（如 $KMnO_4$ 溶液）的弯月面难以看清，可观察液面的上缘。读数时应估计到 0.01 mL。

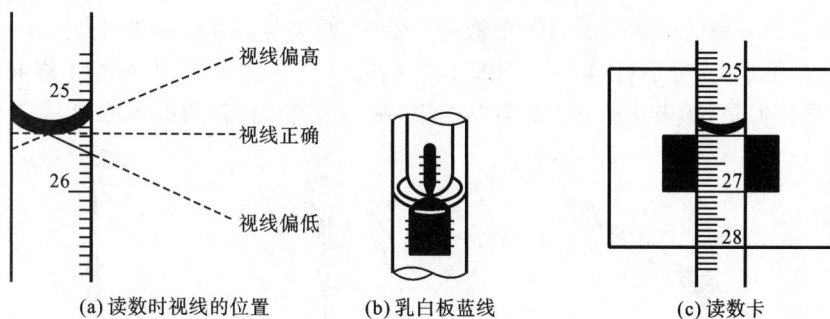

(a) 读数时视线的位置　　　(b) 乳白板蓝线　　　(c) 读数卡

图 2-10　滴定管的读数

由于滴定管刻度不完全均匀，因此在同一实验的每次滴定中，滴定液体积应该控制在滴定管刻度的同一部位，例如第一次滴定是在 0～24 mL 的部位，那么第二次滴定也使用这个部位，这样可以抵消由于刻度不准确而引起的误差。

3）滴定操作

用左手控制滴定管的活塞，右手拿锥形瓶。使用酸式滴定管时，左手拇指在前，食指及中指在后，一起控制活塞，在转动活塞时，手指微微弯曲，轻轻向里扣住，手心不要顶住活塞小头一端，以免顶出活塞，使溶液溅漏（图 2-11(a)）。使用碱式滴定管时，用手指捏玻璃珠所在部位稍上处的橡皮，使其形成一条缝隙，溶液即可流出（图 2-11(b)）。

滴定时，左手控制溶液流量，右手拿住瓶颈（图 2-11(d)），并向同一方向旋转振荡，使滴下的溶液能较快地分散进行化学反应，但注意不要使瓶内溶液溅出。在接近终点时，必须用少量蒸馏水吹洗锥形瓶器壁，将溅起的溶液淋下，使之反应完全，同时，滴定速度要放慢，以防滴定过量，每次加入 1 滴或半滴溶液，不断摇动，直至到达终点。

2.移液管和吸量管的操作

(1)润洗　使用时，洗净的移液管用待吸取的溶液洗涤三次，以除去管内残留的水分。

方法：倒少许溶液于干燥、洁净的小烧杯中，用移液管吸取少量溶液，将管横向转动，使溶液流过管内标线下所有内壁，然后使管直立将溶液由尖嘴口放出（图 2-12(a)）。

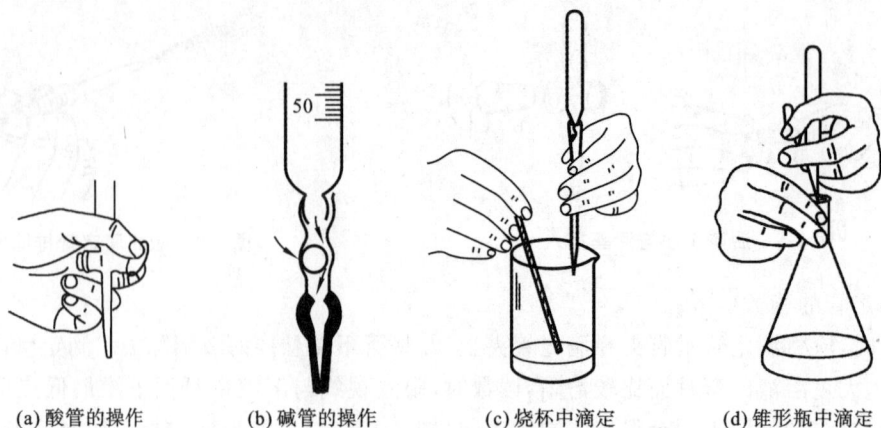

(a) 酸管的操作　　　(b) 碱管的操作　　　(c) 烧杯中滴定　　　(d) 锥形瓶中滴定

图 2-11　滴定操作

(2)吸取溶液　一般用左手拿洗耳球,右手把移液管插入溶液中吸取(图 2-12(b))。当溶液被吸至标线以上时,马上用右手食指按住管口,取出并用滤纸擦干下端,然后稍松食指,使液面平稳下降,直至液面的弯月面与标线相切,立即按紧食指。

(3)放液　将移液管垂直置于接收溶液的容器中,管尖与容器壁接触(图 2-12(c)),放松食指,让溶液自由流出,流完后再等 15 s(残留在管尖的液体不能吹出,因在校正移液管时,已扣除这部分体积。但是,如果移液管上标有"吹"字,则最后残留的液滴必须吹出)。

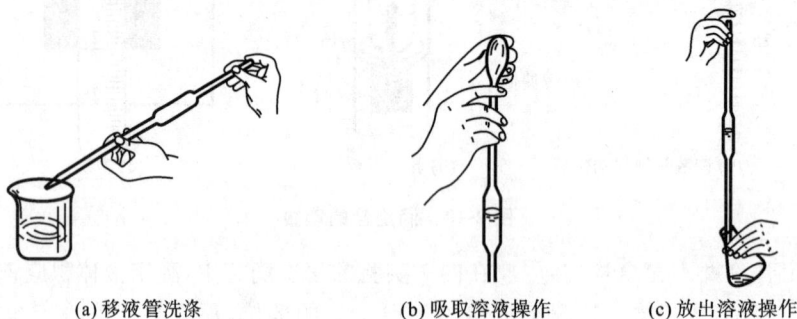

(a) 移液管洗涤　　　　　(b) 吸取溶液操作　　　　(c) 放出溶液操作

图 2-12　移液管操作

3.容量瓶的操作

(1)检漏　使用前,先检查是否漏液。检查方法:装入自来水至近标线,盖好瓶塞,左手按住瓶塞,右手手指顶住瓶底边缘,把瓶倒立 2 min,观察瓶塞周围是否有水渗出,若不漏,将瓶直立,转动瓶塞一定角度,再倒立试漏(图 2-13(a)),如此反复,若均无水渗出即可。

(2)使用　在配制溶液时,先将容量瓶洗净。如由固体配制溶液,先将固体在烧杯中溶解,再将溶液转移到容量瓶中,转移时,要使玻璃杯的下端靠近瓶颈内壁,使溶液沿壁流下(图 2-13(c)),溶液全部流完后,将烧杯轻轻沿玻璃棒上提,同时直立,使附着在玻璃棒与烧杯嘴之间的溶液流回到烧杯中,然后用蒸馏水洗涤烧杯三次,洗涤液一并转入容量瓶。当加入蒸馏水至容量瓶容量的 2/3 时,摇动容量瓶,使溶液混匀。接近标线时,要慢慢滴加,直至溶液的弯月面与标线相切为止。

2.2.3　容量器皿的洗涤

分析化学所用的器皿都应该是洁净的。洗净的器皿,其内壁应能被水均匀地润湿而无条

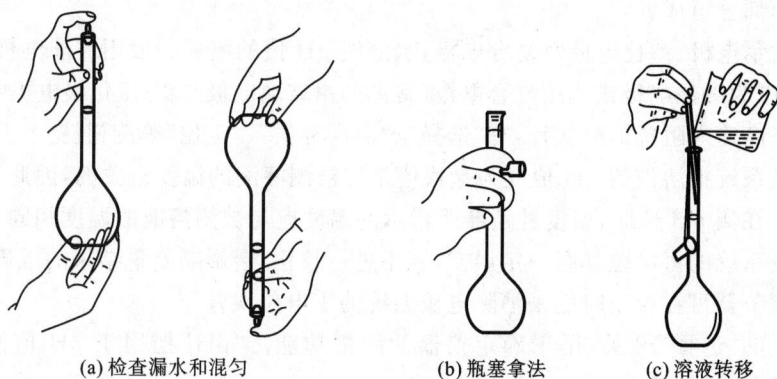

(a) 检查漏水和混匀　　　　(b) 瓶塞拿法　　(c) 溶液转移

图 2-13　容量瓶操作

纹及水珠。

目前常用的洁净剂是肥皂、洗衣粉、去污粉等洗涤剂和有机溶剂。

一般的容量器皿，如烧杯、锥形瓶、量筒、试剂瓶等，其洗涤方法是：将洗衣粉配成 0.1%～0.5% 的溶液，用毛刷蘸取此溶液，刷洗其内壁，刷洗后用自来水冲洗，再用蒸馏水润洗三遍，即可使用。

滴定管、容量瓶、移液管等具有精确刻度的量器，不能用毛刷刷洗。若内壁不干净，可选择合适的洗涤剂超声清洗。必要时先把洗涤剂加热后加到待洗涤容器中，浸泡一段时间后超声清洗，再用自来水冲洗和蒸馏水润洗。

对不同的污染应采用不同的洗涤方法。例如，被 AgCl 沾污的器皿，用洗液洗涤是无效的，此时可用 $NH_3 \cdot H_2O$ 或 $Na_2S_2O_3$ 溶液洗涤。又如，被 MnO_2 沾污的器皿，应用 $HCl\text{-}NaNO_2$ 的酸性溶液洗涤。

使用铬酸洗液（简称洗液）洗涤时，被洗涤器皿尽量保持干燥，倒（或吸）少许洗液于器皿中，转动器皿使其内壁被洗液浸润（必要时可用洗液浸泡），然后将洗液倒回原装瓶内以备再用（若洗液颜色变绿，则应更换）。再用水冲洗器皿，直至干净。洗液主要用于洗涤被无机物沾污的器皿，它对有机物和油污的去污能力也较强。常用来洗涤一些口小、管细等形状特殊的器皿，如吸管、容量瓶等。洗液具有强酸、强氧化性，对衣服、皮肤、桌面、橡皮等有腐蚀作用，使用时要特别小心。

不论用哪种方法洗涤器皿，最后都必须先用自来水冲洗，再用蒸馏水或去离子水荡洗三次。洗涤干净的器皿，放去水后，内壁只应留下均匀的一薄层水，如壁上挂着水珠，说明没有洗干净，必须重洗。

铬酸洗液的配制方法：将 5 g 重铬酸钾用少量水润湿，慢慢加入 80 mL 粗浓硫酸，搅拌以加速溶解。冷却后储存在磨口试剂瓶中，以防吸水而失效。

2.3　常用分析仪器及其使用方法

2.3.1　酸度计及其使用

1. 酸度计主要部件及功能

酸度计（又称 pH 计）是一种电化学测量仪器，可测定溶液的 pH 值和电位。它主要由电极和电位计两部分组成。

电极有指示电极、参比电极及复合电极,水溶液 pH 值的测量一般用玻璃电极作为指示电极,甘汞电极作为参比电极或使用复合电极(常见的由玻璃电极与银-氯化银电极组成)。

电位计是高输入阻抗的毫伏计,有"选择"、"温度补偿"、"定位"等旋钮。

由于电极系统把溶液的 pH 值变为毫伏值是与被测溶液的温度有关的,因此,电位计附有温度补偿器。在测 pH 值时,温度补偿器所指示的温度应与被测溶液的温度相同。

由于电极系统的零电位都有一定误差,若不进行校正,会影响测量结果的准确性。酸度计上的"定位"调节器可在校正时用来消除电极系统的零电位误差。

电位计上的"选择"开关,用于确定仪器的测量功能。"pH"挡用于 pH 值测量和校正,"mV"挡用于测量电位值。

2. 测量溶液 pH 值的基本操作

实验室常见酸度计有 pHS-25、pHS-2、pHS-3C 等型号,原理相同,结构略有差异,使用时操作步骤基本一致。以下是 pHS-25 型数显式酸度计测量溶液 pH 值的基本操作步骤。

1)开机

装上电极(若用复合电极测量,则应将其插在指示电极插座上),仪器选择开关置于"pH"挡,开启电源,预热 30 min。

2)标定

(1)电极用蒸馏水清洗,用滤纸擦干后,插入已知 pH 值的缓冲液中(所选用 pH 值标准缓冲液同待测样品的 pH 值最好能尽量接近,这样能减小测量误差。常用缓冲液的 pH 值与温度关系见表 2-1)。

表 2-1　常用缓冲液的 pH 值与温度关系对照表

温度/℃	pH 值		
	邻苯二甲酸盐	中性磷酸盐	硼 酸 盐
5	4.01	6.95	9.39
10	4.00	6.92	9.33
15	4.00	6.90	9.27
20	4.01	6.88	9.22
25	4.01	6.86	9.18
30	4.02	6.85	9.14
35	4.03	6.84	9.10
40	4.04	6.84	9.07
45	4.05	6.83	9.04
50	4.06	6.83	9.01
55	4.08	6.84	8.99
60	4.10	6.84	8.96

(2)调节"温度补偿"旋钮,使所指温度与缓冲液的温度相同。

(3)调节"斜率"旋钮在 100% 位置(顺时针旋到底)。

（4）调节"定位"旋钮，使显示屏读数为缓冲液的准确 pH 值。

（5）取出电极，用蒸馏水清洗，用滤纸擦干，待用。

3）测量

（1）把电极插入未知溶液之内，稍稍摇动烧杯，缩短电极响应时间。

（2）调节"温度补偿"旋钮，使所指温度与测量溶液的温度相同。

（3）记录显示屏读数，即为待测溶液的 pH 值。

4）关机

测量结束，关闭电源，取出电极用蒸馏水清洗。

3. 注意事项

玻璃电极浸泡于蒸馏水中存放，复合电极浸泡于 3 mol/L KCl 溶液中，长期不用则应收起，用前应分别在相应溶液中浸泡 24 h、8 h 以上。

2.3.2　紫外-可见分光光度计及其使用

紫外-可见分光光度计是在紫外-可见光区可任意选择不同波长的光测定溶液吸光度的仪器。该仪器的型号很多，性能差别悬殊，但其基本原理一致。该仪器一般由五个主要部件构成，即光源、单色器、吸收池（比色皿）、检测器和信号显示系统。其基本结构可表示如下：

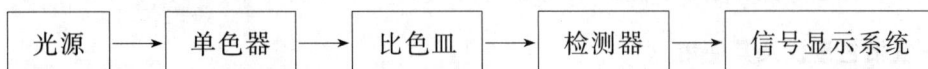

$$\boxed{光源} \rightarrow \boxed{单色器} \rightarrow \boxed{比色皿} \rightarrow \boxed{检测器} \rightarrow \boxed{信号显示系统}$$

1. 紫外-可见分光光度计主要部件及其功能

目前，紫外-可见分光光度计按光路系统分类，一般可分为单光束、双光束和二极管阵列等。国产的 751 型、752 型等属于单光束光路类仪器，国内普遍应用的 72 系列可见分光光度计也属于单光束光路类仪器，而国产 730 型分光光度计则属于双光束光路类仪器。一般国产仪器的主要部件及功能如下。

（1）样品室门　打开样品室门，可放置样品。部分仪器开门具有使光门自动关闭的作用。

（2）比色皿架　在样品室内，用于放置比色皿。

（3）比色皿拉杆　操纵比色皿架，前后拉动可改变四个比色皿的位置。

（4）显示窗　显示测量值。在不同功能下，分别显示透光率、吸光度或浓度及显示错误。

（5）方式键　按此键可选择输出方式，选择显示"T"或"A"等。

（6）波长调节键　调节波长。当按键减小或增大时，显示窗的数字随之改变。

（7）"100％T"键　调零。按此键，显示器显示为"100.0（％T）"或"0.000（A）"。

（8）"0％T"键　调零。按此键，显示器显示为"0.0（％T）"或"2.500（A）"。

2. 紫外-可见分光光度计基本操作

紫外-可见分光光度计的商品类型很多，但使用时的操作步骤基本一致，其基本操作步骤如下。

（1）检查仪器，取出样品室内干燥剂。

（2）打开电源，等仪器自检通过，选择所需光源。

（3）按波长调节键，选择测量所需波长，预热（一般在 20～30 min）。

（4）仪器调零，光门关闭时按"0％T"键，使显示器显示"0.0（％T）"或"2.500（A）"；光门打开，光路畅通时，按"100％T"键，使显示器显示"100.0（％T）"或"0.000（A）"。

（5）将盛有参比溶液的比色皿置于比色皿架上，重复操作（4）。

(6)将盛有待测溶液的比色皿置于比色皿架上,拉动比色皿拉杆,将待测溶液比色皿置于光路,显示窗即可直接读到 T 或 A 值(根据需要可选择输出方式)。

(7)测定结束后,关闭电源,清洗比色皿。

3.使用注意事项

(1)仪器的光学系统是仪器的核心部分,切勿轻易拆卸,要保持内部干燥、绝缘良好。

(2)样品室应保持干燥,防止试样交叉污染。试样不宜长时间放置在样品室。测定挥发性试样时应在比色皿上加盖。

(3)大幅度改变测试波长时,需要等数分钟后,才能正常工作(因波长大幅移动时,光能量急剧变化,而光电管受光后响应缓慢,需一定的移光响应平衡时间)。

(4)每台仪器所配套的比色皿不能与其他仪器上的比色皿单个调换。比色皿使用结束后,用蒸馏水荡洗三次,晾干。

(5)待测溶液应呈澄清状,不得有沉淀、分层或为悬浮液,否则影响测定结果。

(6)仪器工作一个月左右或搬动后,要重新进行波长精确性等方面的检查,以确保仪器使用和测定的精确性。

(7)仪器关闭后,待其冷却至室温,样品室内放干燥剂,罩上机罩,避免长时间不用时光学系统染上灰尘,影响测定结果。做好使用登记。

2.3.3 气相色谱仪及其使用

1.气相色谱仪的组成及功能

目前国内外气相色谱(GC)仪的型号和种类很多,但均由六大系统组成,即气路系统、温控系统、进样系统、分离系统、检测系统和数据处理系统,流程见图 2-14,各系统功能如下。

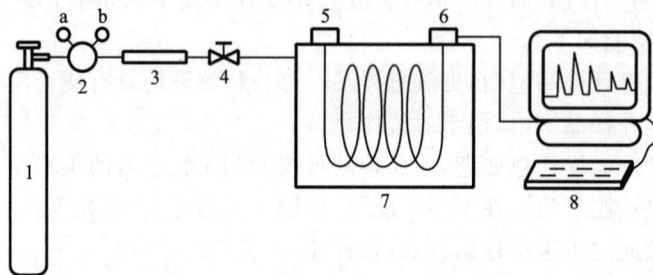

图 2-14 气相色谱流程图

1—高压载气瓶;2—压力调节器(a—瓶压,b—输出压);3—净化器;4—气流调节阀;
5—汽化室;6—检测器;7—柱温箱与色谱柱;8—色谱工作站

(1)气路系统:由气源、净化器、气流控制装置构成,提供载气和(或)辅助气体,并保证载气的纯度(99.9%以上)及稳定流速。气源通常为高压钢瓶或气体发生器。

(2)温控系统:用于分别控制汽化室、柱温箱、检测器的温度。

(3)进样系统:包括样品导入装置(如注射器、六通阀和自动进样器等)和进样口,进样口主要由汽化室构成。汽化室是将液体样品瞬间汽化为蒸气的装置。

(4)分离系统:分离系统主要包括色谱柱和柱温箱。色谱柱是色谱分离系统的"心脏"。

(5)检测系统:即检测器(detector),可将混合气体中组分的量变成可测量的电信号,是色谱仪的"眼睛"。气相色谱仪的检测器已有五十余种之多。常用的浓度型检测器有热导检测器、电子捕获检测器等,常用的质量型检测器有氢火焰离子化检测器、氮磷检测器和火焰光度检测器及质谱检测器等。

(6)数据处理系统:最基本的功能是将检测器输出的模拟信号进行采集、信号转换、数据处理与计算,并打印出信号强度随时间的变化曲线,即色谱图。

现在的色谱仪都有一个色谱工作站(由工作软件、微型计算机、打印机组成),它能完成数据处理系统的所有任务,有的还能对色谱仪器实现实时自动控制。

2. 气相色谱仪的基本操作

目前国内外气相色谱仪进行气相分析的流程大体相同。其基本操作步骤如下。

(1)打开载气总阀开关,调节出口阀压力。

(2)打开仪器电源开关,仪器通过自检。

(3)打开主机面板上的辅助气(空气、氢气)开关,设置流量。

(4)设置柱温箱、进样器、检测器工作温度。

(5)从主机面板选择分析通道(设置检测器,若是 FID,则需点火)。

(6)打开色谱工作站,进入主菜单,进行方法设定。

(7)待信号值稳定后,即可进样分析,按同步触发采集数据,运行时间结束后,出现对话框,键入文件名,保存文件。

(8)打开主菜单,进行谱图处理,选择存储谱图或打印。

(9)色谱分析结束,设置程序使柱温箱、进样器、检测器温度下降。

(10)关闭电源,关闭载气总阀开关。

3. 微量注射器的进样操作

气相色谱法中手动进样用微量注射器进样,液体试样一般使用 1 μL、5 μL、10 μL 等规格的微量注射器进样。微量注射器进样的操作见图 2-15。进样时注意防止针芯和针头折弯。

4. 气相色谱仪使用注意事项

(1)开机前应检查气路系统是否漏气,检查进样口硅橡胶密封垫是否需要更换。

(2)开机时先通载气后通电,关机时先关电源后停载气。

(3)柱温箱、汽化室及检测器的温度根据样品性质确定。一般汽化室温度比样品组分中最高的沸点再高 30~50 ℃ 即可,检测器温度应大于柱温箱温度。

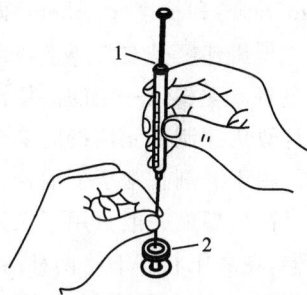

图 2-15 微量注射器操作
1—微量注射器;2—进样口

(4)用 FID 检测器时,不点火严禁通 H_2,通 H_2 后要及时点火,并保证火焰点着。

(5)仪器基线平稳后,仪器上所有旋钮、按键不得乱动,以免改变色谱条件。

(6)微量注射器使用前应先用被测溶液洗涤数次,吸取样品时,注射器中不应有气泡。

2.3.4 高效液相色谱仪及其使用

高效液相色谱(HPLC)仪型号、配置多种多样,但其基本工作原理和基本流程一致,主要包括高压输液系统、进样系统、色谱分离系统、检测器、数据处理系统等,如图 2-16 所示。目前常见生产厂家国外有 Waters 公司、Agilent 公司、Shimadzu 公司等,国内有大连依利特公司、上海伍丰公司、北京莱伯泰科公司等。

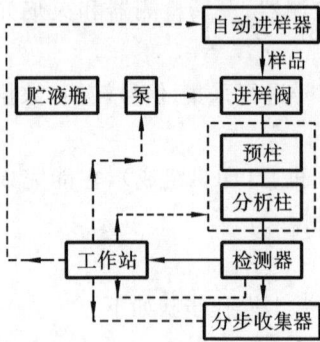

图 2-16　高效液相色谱仪基本组成

1.高效液相色谱仪的组成及功能

1)高压输液系统

高压输液系统由贮液瓶、溶剂脱气装置、高压输液泵、梯度洗脱装置构成。

(1)贮液瓶　贮液瓶用于储存流动相溶剂,一般为玻璃或塑料瓶,容积为 $0.5 \sim 2.0$ L,无色或棕色,棕色瓶可起到避光作用,盛放水溶液时可减缓菌类生长。贮液瓶的位置应高于泵,以保持一定的输液静压差。

(2)溶剂脱气装置　流动相中微小气泡在高压下会放大影响泵的工作,甚至会影响检测器的灵敏度、基线稳定性,乃至无法检测,因此必须脱气。脱气方法有离线脱气法和在线脱气法,而在线真空脱气机可实现流动相在进入输液泵前的连续真空脱气,适用于多元溶剂系统。简单的高效液相色谱仪无在线脱气装置,流动相脱气必须用离线脱气法。

(3)高压输液泵　高压输液泵是高效液相色谱仪中最重要的部件之一。高压输液泵的性能好坏直接影响到整个系统的质量和分析结果的可靠性。高压输液泵应具备如下性能:①流量稳定,其 RSD 应小于 0.5% ,这对定性定量的准确性至关重要;②流量范围宽,分析型应在 $0.1 \sim 10$ mL/min 范围内连续可调,制备型应能达到 100 mL/min;③输出压力高,一般可高达 $39.2 \sim 49$ MPa;④液缸容积小,适于梯度洗脱;⑤密封性好,耐腐蚀。

高压输液泵的种类很多,目前应用最多的是柱塞往复泵。

(4)梯度洗脱装置　梯度洗脱装置用于进行梯度洗脱。高效液相洗脱方式有等度(isocratic)和梯度(gradient)两种,梯度洗脱方式又分低压梯度(外梯度)和高压梯度(内梯度)。

低压梯度是在常压下将两种或多种溶剂按一定比例输入泵前的比例阀中混合后,再用高压泵将流动相以一定的流量输出至色谱柱。常见的是四元泵,其特点是只需一个高压输液泵,由计算机控制四元比例阀来改变溶剂的比例,即可实现二元至四元梯度洗脱,成本低、使用方便。由于溶剂在常压下混合,易产生气泡,故需要良好的在线脱气装置。

高压梯度一般只用于二元梯度,即用两个高压泵分别按设定比例输送两种不同溶液至混合器,在高压状态下将两种溶液进行混合,然后以一定的流量输出。其主要优点是,只要通过梯度程序控制器控制每个泵的输出,就能获得任意形式的梯度曲线,而且精度很高,易于实现自动化控制。

2)进样系统

进样系统的作用是将试样引入色谱柱,装在高压泵和色谱柱之间,由手动或自动经六通阀进样。

(1)六通阀　六通阀有 6 个口,1 和 4 之间接定量环,2 接高压泵,3 接色谱柱,5、6 接废液管。进样时先将阀切换到"Load",针孔与 4 相连,用微量注射器将样品溶液由针孔注入定量环中,充满后多余的样品溶液从 6 处排出,后将进样器阀柄顺时针转动 60°至"Inject",流动相与定量环接通,样品被流动相带到色谱柱中进行分离,完成进样,见图 2-17。定量环常见体积有 5 μL、10 μL、20 μL、50 μL 等,可根据需要更换不同体积的定量环。

(2)手动进样器　手动进样器进样时,用微量注射器将样品溶液注入六通阀,注意必须使用高效液相色谱专用平头微量注射器,不能使用气相色谱尖头微量注射器,否则会损坏六通阀。进样方式有部分装液法和完全装液法两种:①部分装液法,注入的样品体积应不大于定量

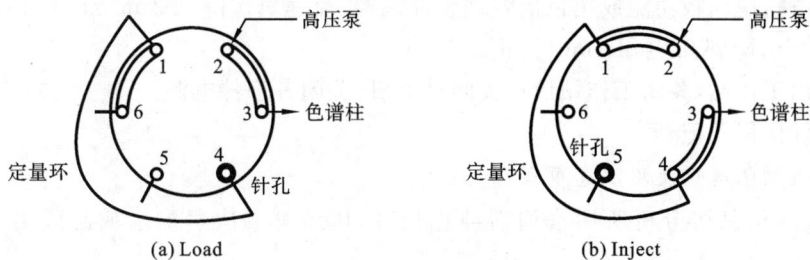

图 2-17　六通阀手动进样器原理示意图

环容积的 50％，并要求每次进样体积准确、相同；②完全装液法，注入的样品体积应最少是定量环容积的 3 倍，以完全置换定量环内流动相，消除管壁效应，确保进样准确度及重现性。

（3）自动进样器　自动进样器由计算机自动控制进样六通阀、计量泵和进样针的位置，按预先编制的进样操作程序工作，自动完成定量取样、洗针、进样、复位等过程。

3）色谱分离系统

色谱分离系统包括保护柱、色谱柱、柱温箱、柱切换阀等。

（1）色谱柱　色谱柱是分离好坏的关键，使用时，流动相的方向应与柱的填充方向一致。色谱柱的柱管外壁都以箭头显著地标示了该柱的使用方向，安装和更换色谱柱时，一定要使流动相按箭头所指方向流动。

（2）柱温箱　柱温箱是用于使色谱柱恒温的装置，一般其控温范围高于室温，也可低于室温，通常控制柱温在 30～40 ℃。

色谱柱的工作温度对保留时间、相对保留时间、溶剂的溶解能力、色谱柱的性能、流动相的黏度都有影响。一般升高柱温，可增加组分在流动相中的溶解度，减小分配系数 K，缩短分析时间，还可降低流动相的黏度，降低柱压与提高柱效。

4）检测器

检测器的作用是将流出色谱柱每一组分的总量定量地转化为可供检测的信号。检测器分为通用型检测器和专用型检测器，前者常见的有示差折光检测器、蒸发光散射检测器及目前发展较快的质谱检测器等，后者主要有紫外检测器、荧光检测器等。最常用的是紫外检测器，其中常见的有可变波长紫外检测器和二极管阵列检测器。

2. 高效液相色谱仪基本操作

（1）准备：流动相配制、脱气，样品制备。

（2）开机：依次打开计算机、泵、检测器、柱温箱电源开关，仪器自检。

（3）装柱：将吸液头插入已经过滤和脱气处理的甲醇中，开启泵，使液体流出，调节流速为 0.2 mL/min，连接色谱柱（注意方向），待液体流出色谱柱后，再与检测器连接。

（4）平衡：升高流速（常规分析柱一般升至 1 mL/min），大约 15 min 后，换上准备的流动相（若流动相含盐或甲醇比例较低，中间需适当过渡），待基线走稳。

（5）在仪器面板或色谱工作站设置分析条件。设置泵参数，如工作流速、流动相比例、高压限和低压限；设置检测器参数，如检测波长、灵敏度等；编辑样品名、采集时间、进样体积等。

（6）待基线走稳后，进样分析，采集数据（图谱）。

（7）建立数据处理方法，选择峰宽、积分阈值、处理区间、指定最小峰面积和峰高等；处理色谱图，记录色谱图信息（色谱峰面积）。

（8）冲洗：全部测定完毕后，冲洗色谱柱和管路（调节溶剂洗脱强度从小到大冲洗柱子）。

(9)降流速:用面板功能或用色谱管理软件调控,流速每次降 0.2 mL/min,柱压稳定后再降 0.2 mL/min,降到 0.0 mL/min 为止。

(10)退出工作站,关闭工作站后再关闭计算机,关闭各部件电源。

(11)做好使用登记。

3.高效液相色谱仪使用注意事项

(1)高效液相色谱分析所用水均需纯化处理,用新鲜二次蒸馏水或经脱离子处理的蒸馏水。

(2)流动相需经过滤、脱气后可使用。样品需经过滤或高速离心后方可进样分析。

(3)做完实验后,反相色谱柱需用甲醇冲洗 20~30 min。若流动相中含盐类或缓冲液,则应先配制相同比例的无盐流动相冲洗,逐渐变化到 95% 水溶液冲洗,再逐渐变化到用甲醇冲洗,以保护色谱柱和高压输液泵。

4.泵的使用和维护

(1)防止任何固体微粒进入泵体,因此应过滤流动相。

(2)流动相不应含有任何腐蚀性物质,含有缓冲液的流动相不应停泵过夜或保留在泵内更长时间。必须泵入纯水将泵充分清洗后,再换成适合于保存色谱柱和有利于泵维护的溶剂。

(3)防止流动相耗尽空泵运转,导致柱塞磨损、缸体或密封环损坏,最终产生漏液。

(4)输液泵的工作压力不能超过规定的最高压力,否则会使高压密封环变形,产生漏液。

(5)流动相应脱气,以免在泵内产生气泡,影响流量的稳定性。如果有大量气泡,泵将无法正常工作。

5.离线脱气方法

(1)抽真空脱气　用微型真空泵,降压至 0.05~0.07 MPa 即可除去溶解的气体。使用真空泵连接抽滤瓶可以同时完成过滤和脱气的双重任务,滤膜常用 0.45 μm 的,分有机相膜和水相膜,切不可用水相膜过滤有机相。

(2)超声波振荡脱气　将流动相置于超声波清洗机中,用超声波振荡 10~30 min 即可。

(3)吹氦脱气　使用在液体中溶解度低的氦气,以 60 mL/min 的流速缓缓地通过流动相 10~15 min,除去溶于流动相中的气体。

6.色谱柱的正确使用和维护

(1)避免压力、温度和流动相的组成比例急剧变化及任何机械震动。

(2)经常用强溶剂冲洗色谱柱,清除保留在柱内的杂质。

①硅胶柱:以正己烷(或庚烷)、二氯甲烷和甲醇依次冲洗,然后再以相反顺序依次冲洗,所有溶剂都必须严格脱水。甲醇能洗去残留的强极性杂质,正己烷使硅胶表面重新活化。

②反相柱:以水、甲醇、乙腈、一氯甲烷(或三氯甲烷)依次冲洗,再以相反顺序依次冲洗(如果下一步分析用的流动相不含缓冲液,那么可以省略最后用水冲洗这一步)。

一氯甲烷能洗去残留的非极性杂质。在甲醇(乙腈)冲洗时重复注射 100~200 μL 四氢呋喃数次,有助于除去强疏水性杂质。四氢呋喃与乙腈或甲醇的混合溶液能除去类脂。有时也注射二甲亚砜数次。此外,用乙腈、丙酮和三氟醋酸(质量分数为 0.1%)梯度洗脱能除去蛋白质杂质。

第3章 化学分析实验

实验1 电光分析天平减量法称量练习

一、目的要求

(1)了解电光分析天平的结构,熟悉砝码组合。

(2)学会正确使用电光分析天平。

(3)掌握减量法称量方法。

二、仪器与试剂

(1)电光分析天平;称量瓶;锥形瓶或小烧杯。

(2)样品:固体样品(结晶型粉末)。

三、实验内容

(1)观察、熟悉天平的结构、各部件的功能及所处的正确位置。

(2)称量练习:称样量 0.2 g($\pm10\%$,0.18~0.22 g)。

四、实验步骤

1.叠罩

取下天平罩,叠齐,放在天平箱顶上。

2.称样前准备

1)外观检查

(1)查水平(若气泡不在圆圈的中间,旋转天平箱下前面两只脚垫螺丝,直至气泡在圆圈的中间)。

(2)查升降枢是否处于关闭状态,横梁、吊耳有无脱落。

(3)查砝码是否齐全。

(4)查指数盘是否指零,环码是否齐全、到位。

(5)查天平秤盘是否干净(如有粉尘,可用软毛刷轻轻扫净)。

2)物品放置

砝码盒放于指数盘一边,容器放另一边,记录本放中间。

3)调零

接通电源,右手握旋钮,缓慢旋开,灯亮,观察零点。若不在零点,可拨动拨杆调零。

3.减量法称量

(1)将称量瓶放在天平秤盘上,并关好边门。估计称量瓶大致质量,加砝码及环码。手握旋钮,缓慢旋开旋钮,根据指针或标尺移动的方向判断两边秤盘轻重,关闭旋钮。加减砝(环)

码(由大到小,折半加减),直至打开天平旋钮时指针在标尺范围内,读数并记录,关天平,得倾出样品前称量瓶质量 m_1。

(2)在指数盘上减去所需倾出样品质量数。取出称量瓶,左手拿瓶、右手拿盖,对准容器口,用瓶盖轻敲瓶的上部(瓶微微上倾,勿使瓶底高于瓶口,以防试样冲出),见图 2-4,使试样慢慢落入容器中,收起时一边敲瓶口上部,一边慢慢地将瓶竖起,使粘在瓶口的试样落入瓶中,盖好瓶盖,再将称量瓶放回秤盘中,缓慢旋开旋钮,根据指针或标尺移动的方向判断两边秤盘轻重。若样品盘重,则表明倾出量不够,取出称量瓶继续敲瓶,如此反复操作(反复次数越少越好),直至倾出的试样质量达到要求后,记录下准确读数 m_2。第一份试样重 $=m_1-m_2$。

(3)重复进行操作(2),若需称取三份试样,则连续称量四次即可。

4.复原

关闭旋钮,取出砝码,将读数盘指零,取出称量瓶,关闭天平门。罩上天平罩,做好使用登记,将凳子归位。

五、数据记录及处理

将实验数据及处理结果填入下表:

样 品 编 号	1	2	3
称量瓶与样品(倾出前)质量/g			
称量瓶与样品(倾出后)质量/g			
样品质量/g			

六、注意事项

(1)使用分析天平时不可以用手直接接触称量瓶,可戴手套(自备白手套)或叠纸条取用。

(2)天平要轻开轻关,调节砝码时,可以先半开,待临近平衡点,光屏缓慢移动时再完全打开旋钮。取放物体、加减砝码和环码时,必须关闭天平,以保护玛瑙刀口。

(3)称量时,应关好边门(减少空气流动、湿度变化等因素的影响),不得随意打开前门。

(4)取砝码时必须用镊子夹取,严禁直接用手拿。

(5)不得使天平载重超过最大负载($m_{max}=200$ g)。

(6)数据应及时记录在实验报告上。

七、思考题

(1)将物品或砝(环)码在秤盘上取下或放上去时,为什么必须关闭天平,托住天平横梁?

(2)在减量法称取样品过程中,若称量瓶内的试样吸湿,会对称量结果造成什么影响?若试样倾入锥形瓶内再吸湿,对结果是否有影响?为什么?

(3)在称量中如何运用优选法较快地确定出物品的质量?

(4)在减量法称量中,零点是否要求绝对准确?是否参加计算?

(5)在称量练习的记录和计算中,如何正确运用有效数字?

实验 2　电子分析天平的称量练习

一、目的要求

(1)掌握电子分析天平的使用方法。

(2)了解电子分析天平的结构、原理及功能。

二、仪器与试剂

(1)电子分析天平(精确度 0.1 mg);瓷坩埚;称量瓶;锥形瓶或小烧杯。

(2)样品:固体样品(结晶型粉末)。

三、实验内容

1.熟悉装置

观察、熟悉天平的构造、性能及按键功能。

2.称量练习

(1)直接称量法。

(2)减量法。称样量:0.2 g($\pm 10\%$,0.18~0.22 g)。

(3)指定量称量法。称样量:0.2 g($\pm 10\%$,0.18~0.22 g)。

四、实验步骤

1.叠罩

取下天平罩,叠齐,叠好后放在天平箱右后方的台面上。

2.称量前准备

(1)外观检查:①检查天平秤盘是否干净(如有粉尘,可用软毛刷轻轻扫净);②查水平(天平秤盘旁边有指示水平的气泡,若气泡不在圆圈中间,旋转天平底板下的两只脚垫螺丝,直至气泡在圆圈中间)。

(2)物品放置:称量时,操作者面对天平端坐,记录本放在胸前的台面上,存放称量物的器皿放在天平左侧。

(3)接通电源,预热 20 min。

(4)轻按"ON"键,显示器开启,随后将依次显示:天平型号、称量模式、数字(如显示器上显示不为 0.000 0 g,按"TAR"键归零)。

3.称量练习

(1)直接称量法:将称量瓶置于秤盘上,待天平平衡,记录显示器读数,即为称量瓶质量。

(2)减量法。

①不去皮递减称量:a.按直接称量法准确称量空的瓷坩埚质量 m_0;b.取出坩埚,将盛有样品的称量瓶置于秤盘上,待天平平衡,记录倾出样品前称量瓶质量 m_1;c.取出称量瓶,左手拿瓶,右手拿盖,对准坩埚口,用瓶盖轻敲瓶口上部(瓶微微上倾,勿使瓶底高于瓶口,以防试样冲出),使试样慢慢落入坩埚中,收起时一边仍敲瓶口上部,一边慢慢地将瓶竖起,使粘在瓶口的

试样落入瓶中,盖好瓶盖,再把称量瓶放回天平秤盘上称量,记录倾出样品后称量瓶质量 m_2,倾出试样的质量为 m_1-m_2,若倾出量不够,可取出称量瓶继续敲瓶,如此反复操作(反复次数越少越好),直至倾出试样质量达到要求,记录最终的准确读数;d.取出称量瓶,按直接称量法准确称量盛样品的坩埚质量 m_3,检查坩埚中盛装的试样质量 m_3-m_0 是否等于称量瓶中倾出的试样质量(绝对误差应不超过 ±0.0015 g)。

②去皮减量称量:将称量瓶置于秤盘上,待天平平衡后,按"TAR"键去皮。取出称量瓶,左手拿瓶,右手拿盖,对准容器口,用瓶盖轻敲瓶口上部(瓶微微上倾,勿使瓶底高于瓶口,以防试样冲出),使试样慢慢落入容器中,收起时一边仍敲瓶口上部,一边慢慢地将瓶竖起,使粘在瓶口的试样落入瓶中,盖好瓶盖,再把称量瓶放回天平上称量,显示器显示负值(如 -0.2012 g),此负值的绝对值(0.2012 g)即为敲出试样的质量。若倾出量不够,取出称量瓶继续敲瓶,如此反复操作(反复次数越少越好),直至倾出试样质量达到要求,记录读数。

(3)指定量称量法(增量法):将称量纸置于秤盘上,待天平平衡后,按"TAR"键归零。打开天平两侧边门,左手拿称量瓶,右手拿盖,在称量纸上方,用瓶盖轻敲瓶的上部,使试样慢慢落到称量纸,并观察显示屏读数,待符合要求时,将瓶收起,关上天平边门,待天平平衡后,记录显示器读数,即为样品质量。

4.复原

称量结束后,轻按"OFF"键即关闭显示器。将秤盘上样品取出,关上天平边门,套好天平罩,做好使用登记,凳子归位(若较长时间不用天平,应拔去电源线)。

五、数据记录及处理

依次用直接称量法、减量法、指定量称量法称取一定质量的样品,将实验数据记入下表:

实验编号			1	2
直接称量法:称量瓶质量/g				
减量法	不去皮递减称量	m_0/g		
		m_1/g		
		m_2/g		
		m_3/g		
		(m_1-m_2)/g		
		(m_3-m_0)/g		
	去皮减量称量:试样质量/g			
指定量称量法:试样质量/g				

六、注意事项

(1)使用分析天平称量时,不能直接用手拿称量瓶或样品,可戴手套或叠纸条取用。

(2)在称量过程中不要打开天平两侧的玻璃门,以免空气对流造成读数不稳定。

(3)天平调好水平后,使用时不得挪动天平的位置;不得使天平载重超过最大负载。

(4)在减量法和指定量称量法中,称量中途不得再按"TAR"去皮功能键。

(5)数据应及时记录在实验报告上。

七、思考题

(1)为什么称量时天平两侧的玻璃门不能打开?

(2)为什么天平调好水平后,使用时不得挪动天平的位置?

(3)为什么在减量法和指定量称量法中,称量中途不得再按"TAR"去皮功能键?

(4)减量法称量过程中,能否采用药匙加取试样? 为什么?

实验 3　容量分析器皿的使用和校准

一、目的要求

(1)了解容量分析器皿的误差。

(2)掌握容量分析器皿的校准、使用方法。

二、基本原理

　　滴定分析误差的来源之一是容量分析器皿(以下简称器皿)的体积测量误差。根据滴定分析的允许误差,通常要求所用器皿测定溶液体积时的测量误差在 0.1% 左右。但由于种种原因,如不同商品等级、温度变化等,大多数器皿的实际容积与所标示的容积之差往往超出允许误差范围。因此,为了提高分析结果的准确性,应适时对器皿进行校准。器皿的校准根据具体情况可采用绝对校准法与相对校准法。

　　(1)绝对校准法　绝对校准法需要测定器皿的实际容积,通过称量器皿中所放出或所容纳纯水的质量,然后将该质量除以该温度下水的校正密度 d_t^t(d_t^t 表示温度为 t ℃时 1 mL 纯水在空气中用黄铜砝码称得的质量)即得到实际容积。例如,在 25 ℃校准滴定管时,称得由滴定管放出的水质量为 19.82 g,查得 25 ℃时纯水的校正密度为 0.996 1 g/mL,那么实际容积为

$$\frac{19.82 \text{ g}}{0.996 \ 1 \text{ g/mL}} = 19.90 \text{ mL}。$$

　　若滴定管容积是 19.88 mL,则可计算得校准值为实际容积减滴定管容积,即 0.02 mL。

　　滴定管、移液管、容量瓶一般采用绝对校准法。

　　(2)相对校准法　当要求两种器皿按一定比例配套使用,且各自的绝对容积并不重要时,可采用相对校准法。例如,25 mL 移液管与 100 mL 容量瓶的体积比应为 1∶4。

三、仪器与试剂

(1)分析天平;25 mL 酸(碱)式滴定管;100 mL 容量瓶;25 mL 移液管;50 mL 锥形瓶。

(2)试剂:蒸馏水。

四、实验步骤

1. 滴定管的校准

将蒸馏水装入洁净的滴定管中,调节零刻度,准确读数并记录,同时测定所用水的温度。取一个干燥的 50 mL 锥形瓶,用分析天平称量(准确至 0.01 g),然后从滴定管放出 5 mL

蒸馏水于锥形瓶中,1 min后准确记录滴定管读数(准确至0.01 mL),用同一台分析天平称取锥形瓶加水的质量。然后再放5 mL蒸馏水,记录滴定管读数,称量锥形瓶加水的质量。如此反复进行,直至滴定管读数为25 mL。以5 mL为一段计算实际容积及其校准值,然后求出累计校准值。

重复测量一次,要求两次测量的校准值之差不大于0.02 mL。

2.移液管的校准

同滴定管的校准,称量移液管准确移取的质量,计算,即得。

3.移液管和容量瓶的相对校准

用25 mL移液管移取蒸馏水于干净且干燥的100 mL容量瓶中,移取四次后,观察瓶颈处水的弯月面是否刚好与标线相切。若不相切,则应在瓶颈另做一记号为标线,作为与该移液管配套使用时的容积标线。

五、数据记录及处理

1.滴定管校正表

（水温：　　℃,$d_t'=$　　g/mL）

读　数	V/mL	$m_{瓶+水}$/g	$m_{水}$/g	$V_{实}$/mL	ΔV/mL	$\sum \Delta V$/mL
0.03	0	23.45	0			
5.02	4.99	28.42	4.97			
10.05	5.03	33.42	5.00			
...						

2.移液管校正表

标示容量：　　mL

（水温：　　℃,$d_t'=$　　g/mL）

	$m_{瓶}$/g	$m_{瓶+水}$/g	$m_{水}$/g	$V_{实}$/mL	ΔV/mL
1					
2					
3					

六、思考题

(1)校准滴定管时,为什么锥形瓶和水的质量只需准确到0.01 g?

(2)为什么容量分析要用同一支滴定管或移液管?为什么滴定时每次都应从零刻度或零刻度以下附近开始?

(3)校正容量分析器皿时为什么要求使用蒸馏水而不用自来水?为什么要测水温?

附:纯水在不同温度下的校正密度和常见容量分析器皿允许误差(表 3-1 至表 3-5)

表 3-1　纯水在不同温度下的 d'_t

温度/℃	d'_t/(g/mL)	温度/℃	d'_t/(g/mL)	温度/℃	d'_t/(g/mL)	温度/℃	d'_t/(g/mL)
5	0.998 53	12	0.998 24	19	0.997 33	26	0.995 88
6	0.998 53	13	0.998 15	20	0.997 15	27	0.995 66
7	0.998 52	14	0.998 04	21	0.996 95	28	0.995 39
8	0.998 49	15	0.997 92	22	0.996 76	29	0.995 12
9	0.998 45	16	0.997 78	23	0.996 55	30	0.994 85
10	0.998 39	17	0.997 64	24	0.996 34		
11	0.998 33	18	0.997 49	25	0.996 12		

表 3-2　滴定管的允许误差

滴定管规格		5 mL	10 mL	25 mL	50 mL
允许误差/mL	一等	±0.01	±0.02	±0.03	±0.05
	二等	±0.03	±0.04	±0.06	±0.10

表 3-3　移液管的允许误差

移液管规格		1 mL	2 mL	5 mL	10 mL	20 mL	25 mL	50 mL
允许误差/mL	一等	±0.006	±0.006	±0.01	±0.02	±0.03	±0.04	±0.05
	二等	±0.015	±0.015	±0.02	±0.04	±0.06	±0.10	±0.12

表 3-4　吸量管的允许误差

吸量管规格		1 mL	2 mL	5 mL	10 mL	25 mL
允许误差/mL	一等	±0.01	±0.01	±0.02	±0.03	±0.05
	二等	±0.02	±0.02	±0.04	±0.06	±0.10

表 3-5　容量瓶的允许误差

容量瓶规格		10 mL	25 mL	50 mL	100 mL	250 mL	500 mL	1 000 mL
允许误差/mL	一等	±0.02	±0.03	±0.05	±0.10	±0.10	±0.15	±0.30
	二等	—	±0.06	±0.10	±0.20	±0.20	±0.30	±0.60

实验 4　滴定分析法的基本操作练习

一、目的要求

(1)练习滴定分析法的基本操作及常用指示剂的终点判断。

(2)学习容量分析器皿的准确读数。

二、基本原理

酸碱指示剂(acid-base indicator)一般是有机弱酸或弱碱。其酸式与共轭碱式的结构不同,因而具有不同的颜色。指示剂的理论变色点取决于该指示剂的酸碱解离常数(K_{HIn}),即指示剂达到解离平衡时溶液的 pH 值,理论变色范围则在平衡点的 ±1 个 pH 值单位,因此,在一定条件下,指示剂所呈颜色取决于溶液的 pH 值。

在酸碱滴定过程中,随着溶液 pH 值的变化,酸式和共轭碱式将相互转化,从而引起溶液颜色的变化。在滴定反应中,计量点前后($\Delta V = 0.04$ mL)pH 值会产生一个突跃范围(滴定突跃范围),只要选择变色范围全部或部分处于滴定突跃范围内的指示剂即可用来指示终点,滴定误差均小于 ±0.1%,保证测定有足够的准确度。

三、仪器与试剂

(1)25 mL 酸式滴定管;25 mL 碱式滴定管;20 mL 移液管;250 mL 锥形瓶。

(2)0.1 mol/L NaOH 溶液:称取 NaOH(AR)4.2 g,加蒸馏水 1 000 mL 溶解。

(3)0.1 mol/L HCl 溶液:量取浓 HCl(AR;1.18 g/cm³)9 mL,加蒸馏水 1 000 mL 稀释。

(4)0.1% 甲基橙指示剂:称取甲基橙(AR)0.1 g,加蒸馏水 100 mL 溶解。

(5)0.2% 溴甲酚绿指示剂:称取溴甲酚绿(AR)0.2 g,加 20% 乙醇 100 mL 溶解。

(6)0.1% 甲基红指示剂:称取甲基红(AR)0.1 g,加 60% 乙醇 100 mL 溶解。

(7)0.2% 酚酞指示剂:称取酚酞(AR)0.2 g,加 95% 乙醇 100 mL 溶解。

四、实验步骤

1. 用 HCl 滴定 NaOH

将 0.1 mol/L NaOH 溶液、0.1 mol/L HCl 溶液分别装满 25 mL 碱式滴定管和 25 mL 酸式滴定管,记录初始体积;以 10 mL/min 的速度从碱式滴定管中放出 16.0 mL NaOH 溶液于 250 mL 锥形瓶中;加入 2 滴甲基红指示剂,用 0.1 mol/L HCl 溶液滴定至溶液由黄色变为红色,记下读数。继续从碱式滴定管中放出 2.0 mL NaOH 溶液(此时碱式滴定管读数为 18.0 mL)于此锥形瓶中,继续用 HCl 溶液滴定至红色,记下读数。如此继续,每次均加入 2.0 mL NaOH 溶液,至加入 NaOH 溶液体积为 24.0 mL,得一系列 HCl 滴定体积(累计体积),计算滴定的体积比 V_{HCl}/V_{NaOH},计算相对偏差。要求五次结果的相对偏差不超过 ±0.2%。

分别以溴甲酚绿(由蓝色变为黄绿色)、甲基橙(由黄色变至橙色)为指示剂,练习用 HCl 滴定 NaOH,计算滴定的体积比 V_{HCl}/V_{NaOH}。

2. 用 NaOH 滴定 HCl

用移液管移取 0.1 mol/L HCl 溶液 20.00 mL 于锥形瓶中,加 1~2 滴酚酞指示剂,用 NaOH 溶液滴定至粉红色刚刚出现(30 s 不褪色),即为终点,记下读数。重复三次,所用 NaOH 溶液的体积最大值和最小值之差不得超过 0.04 mL,计算 $V_{HCl}/\overline{V}_{NaOH}$ 值。

比较使用各种指示剂滴定的体积比平均值,根据结果,进行讨论,分析原因。

五、数据记录及处理

1. HCl 滴定 NaOH

指示剂：_____

	V_{NaOH}/mL		V_{HCl}/mL		V_{HCl}/V_{NaOH}	平均值 $\overline{X}$	偏差 d	$\dfrac{d}{\overline{X}} \times 100$
	V	ΔV	V	ΔV				
V_0	—		—		—			—	—
V_1								
V_2								
V_3								
V_4								
V_5								

2. NaOH 滴定 HCl

实 验 次 数	1	2	3
V_{HCl}/mL			
$V_{NaOH}(始)/mL$			
$V_{NaOH}(终)/mL$			
$\Delta V_{NaOH}/mL$			
$\overline{V}_{NaOH}/mL$			
$V_{HCl}/\overline{V}_{NaOH}$			

六、注意事项

(1)滴定管加满,表示滴定管起始体积读数不大于 0.5 mL。

(2)加半滴溶液的操作:使溶液悬挂在尖嘴上,形成半滴,用锥形瓶内壁将其沾落,再用洗瓶以少量蒸馏水吹洗瓶壁。

(3)摇锥形瓶时,应使溶液向同一方向做圆周运动(左、右旋均可),勿使瓶口接触滴定管,也不得让溶液溅出。

七、思考题

(1)滴定管和移液管在使用前应如何处理?锥形瓶是否需要干燥?

(2)遗留在移液管尖嘴内的最后一滴溶液是否需要吹出?

(3)为什么体积比用累计体积而不用每次加入的 2.0 mL 计算?

实验 5　0.1 mol/L NaOH 标准溶液的配制与标定

一、目的要求

(1)掌握配制标准溶液和用基准物质标定标准溶液浓度的方法。

(2)掌握碱式滴定管滴定操作方法和滴定终点的判断。

二、基本原理

本实验选用邻苯二甲酸氢钾作为标定 NaOH 标准溶液的基准物质。邻苯二甲酸氢钾易于提纯,在空气中稳定、不吸潮、易于保存、摩尔质量大。标定反应式为

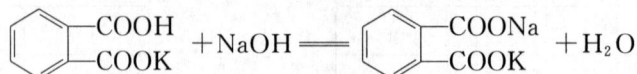

$$\text{（邻苯二甲酸氢钾）—COOH/—COOK} + NaOH == \text{—COONa/—COOK} + H_2O$$

由于反应产物是弱酸的共轭碱,计量点时溶液呈微碱性,可用酚酞作指示剂。计算公式为

$$c_{NaOH} = \frac{m_{KHC_8H_4O_4} \times 1\,000}{M_{KHC_8H_4O_4} \times V_{NaOH}} \quad (M_{KHC_8H_4O_4} = 204.2 \text{ g/mol})$$

式中:c_{NaOH} 为 NaOH 标准溶液的浓度(mol/L);$m_{KHC_8H_4O_4}$ 为实验中称取的邻苯二甲酸氢钾 ($KHC_8H_4O_4$) 基准物质的质量(g);$M_{KHC_8H_4O_4}$ 为邻苯二甲酸氢钾 ($KHC_8H_4O_4$) 的摩尔质量(g/mol);V_{NaOH} 为达到滴定终点时消耗的 NaOH 标准溶液的体积(mL);1000 为将体积单位毫升(mL)换算成升(L)的换算系数。

以下如无特殊说明,均采用相同符号表示物质的质量(单位:g)、浓度(单位:mol/L)、体积(单位:mL)、摩尔质量(单位:g/mol)。

三、仪器与试剂

(1)分析天平(0.1 mg);称量瓶;25 mL 碱式滴定管;250 mL 锥形瓶。

(2)氢氧化钠(AR);邻苯二甲酸氢钾(AR)。

(3)0.2%酚酞指示剂:同实验 4。

四、实验步骤

(1)0.1 mol/L NaOH 标准溶液的配制:粗称 4.2 g NaOH 于烧杯中,加新煮沸后静置冷却的蒸馏水 1 000 mL 溶解,待标定。

(2)0.1 mol/L NaOH 标准溶液的标定:取在 105～110 ℃ 干燥至恒重的基准邻苯二甲酸氢钾约 0.4 g(±10%),精密称定,置于 250 mL 锥形瓶中,加入 50 mL 新鲜蒸馏水,振摇使之完全溶解,加酚酞指示剂 2 滴,用 0.1 mol/L NaOH 溶液滴定至溶液由无色变为粉红色(30 s 不褪),即为终点。平行测定三次。计算 NaOH 标准溶液浓度,三次测定相对平均偏差应小于0.2%。

五、数据记录及处理

将实验数据记录、处理,记入下表:

实 验 次 数	1	2	3
称量瓶与样品(倾出前)质量/g			
称量瓶与样品(倾出后)质量/g			
样品质量/g			
V_{NaOH}(始)/mL			
V_{NaOH}(终)/mL			
V_{NaOH}/mL			
c_{NaOH}/(mol/L)			
$\bar{c}_{NaOH}$/(mol/L)			
相对平均偏差/(%)			

六、注意事项

(1)注意碱式滴定管使用前要检漏,将标准溶液充满滴定管后,应检查管下部是否有气泡,若有,需除去气泡。

(2)滴定管读数时将滴定管垂直夹在滴定管夹上,眼睛视线与溶液弯月面下缘最低点应在同一水平面上,读取弯月面的下缘。

(3)注意碱式滴定管的操作:左手无名指和小指夹住出口管,拇指和食指向侧面挤压玻璃珠所在部位稍上处的橡皮管,使溶液从空隙处流出。注意:①不能使玻璃珠上下移动;②不能捏玻璃珠下部的橡皮管。

七、思考题

(1)用托盘天平称取固体 NaOH 配制出的标准溶液浓度是否准确? 能否用称量纸称取固体 NaOH? 为什么?

(2)本实验中使用了什么仪器? 哪些数据需精确测定?

(3)用邻苯二甲酸氢钾标定 NaOH 溶液时,为什么用酚酞而不用甲基橙作指示剂?

实验 6　有机酸含量测定

一、目的要求

(1)掌握用酸碱滴定法测定有机酸含量的原理和操作。

(2)掌握酚酞指示剂的滴定终点。

二、基本原理

许多有机酸是一元或多元弱酸,在水溶液中是不完全解离的,且多元酸是分步解离的。满足 $K_i c \geqslant 10^{-8}$ 时,含量测定可采用酸碱滴定法准确滴定,当 $K_i / K_{i+1} \geqslant 10^4$ 时,能被分步滴定。

阿司匹林的主要成分是乙酰水杨酸,属芳酸酯类药物,分子结构中含有羧基,在水中可解离出 H^+,其解离常数为 $K_a = 3.16 \times 10^{-4}$,满足 $cK_a \geqslant 10^{-8}$ 的条件,故可用碱标准溶液直接滴定。计量点时溶液呈微碱性,应选用酚酞作指示剂。反应式为

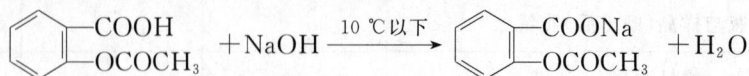

草酸是无色透明或白色的粉末,由水中结晶获得的试剂含 2 分子结晶水($H_2C_2O_4 \cdot 2H_2O$)。草酸是二元酸,易溶于水,在水中可解离出 H^+,其解离常数为 $K_{a_1} = 5.9 \times 10^{-2}$,$K_{a_2} = 6.4 \times 10^{-5}$,因此可用碱标准溶液直接滴定。由于 K_{a_1} 和 K_{a_2} 比较接近,因而并不出现两个突跃而被一次滴定,计量点时溶液的 pH 值为 8.4,可用酚酞作指示剂。反应式为

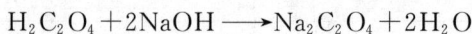

$$H_2C_2O_4 + 2NaOH \longrightarrow Na_2C_2O_4 + 2H_2O$$

枸橼酸为无色透明或白色结晶型粉末,由水中结晶得到的含 1 分子结晶水。枸橼酸是三元酸,易溶于水,在水中可解离出 H^+,其解离常数为 $K_{a_1} = 7.4 \times 10^{-4}$,$K_{a_2} = 1.7 \times 10^{-6}$,$K_{a_3} = 4.0 \times 10^{-7}$,因此可用碱标准溶液直接滴定。但 K_{a_1}、K_{a_2} 和 K_{a_3} 都比较接近,因而滴定过程中不出现多个突跃而被一次滴定,计量点时 pH 值为 8.65,可用酚酞作指示剂。反应式为

$$C_6H_5O_7H_3 + 3NaOH \longrightarrow C_6H_5O_7Na_3 + 3H_2O$$

计算公式为

$$w_A/(\%) = \frac{1}{a} \times \frac{c_{NaOH} V_{NaOH} M_A}{m_s \times 1\,000} \times 100$$

式中:w_A 为有机酸的质量分数(以百分数表示);a 为 NaOH 与有机酸反应的化学计量数。

(乙酰水杨酸:$C_9H_8O_4$,$M_A = 180.16$ g/mol,$a = 1$。草酸:$H_2C_2O_4 \cdot 2H_2O$,$M_A = 126.07$ g/mol,$a = 2$。枸橼酸:$C_6H_8O_7 \cdot H_2O$,$M_A = 210.1$ g/mol,$a = 3$)

三、仪器与试剂

(1)分析天平(0.1 mg);25 mL 碱式滴定管;250 mL 锥形瓶;称量瓶。

(2)0.1 mol/L NaOH 标准溶液(同实验 5)。

(3)酚酞指示剂(同实验 4)。

(4)中性乙醇:取适量乙醇,加酚酞指示剂 2～3 滴,用 0.1 mol/L NaOH 标准溶液滴定至微红色。

(5)样品:阿司匹林原料药、草酸或枸橼酸。

四、实验步骤

(1)阿司匹林(乙酰水杨酸) 取样品约 0.4 g,精密称定,置于 250 mL 锥形瓶中,加中性乙醇 20 mL 使样品完全溶解,加酚酞指示剂 3 滴,在不超过 10 ℃ 的温度下,用 0.1 mol/L NaOH 标准溶液滴定至溶液颜色刚好由无色变为微红色,即为终点。平行测定三次。

(2)草酸或枸橼酸 取样品约 0.14 g,精密称定,置于 250 mL 锥形瓶中,加水 50 mL 使样品完全溶解,加酚酞指示剂 1～2 滴,用 0.1 mol/L NaOH 标准溶液滴定至溶液呈粉红色,经振荡粉红色 30 s 内不消失,即为终点。平行测定三次。

五、数据记录及处理

将实验数据记录、处理,填入下表:

$$c_{NaOH} = mol/L$$

实　验　次　数	1	2	3
称量瓶与样品(倾出前)质量/g			
称量瓶与样品(倾出后)质量/g			
样品质量/g			
V_{NaOH}(始)/mL			
V_{NaOH}(终)/mL			
V_{NaOH}/mL			
w_A/(%)			
$\overline{w}_A$/(%)			
相对平均偏差/(%)			

六、注意事项

(1)有机弱酸滴定,近终点时需不停地摇动。

(2)终点判断的经验:当加入 1 滴 NaOH 标准溶液后,溶液由无色变为红色(较深),经摇 30 s 褪去,可再加半滴,即可至终点。当加入 1 滴 NaOH 标准溶液后,溶液由无色变为红色(粉红),经振荡 30 s 褪去,可再加 1 滴,即可至终点。

(3)滴定阿司匹林的过程中,应注意控制温度不得高于 10 ℃,以防阿司匹林分子结构中的—OCOCH₃ 发生水解反应而过多地消耗 NaOH 标准溶液,引起测量误差。

(4)阿司匹林微溶于水,易溶于乙醇,故选用乙醇作为溶剂。此外,乙醇的极性较小,可降低阿司匹林的水解程度,有利于获得更准确的结果。乙醇对酚酞指示剂显酸性,故使用前需用 NaOH 溶液中和至对酚酞指示剂显中性。

七、思考题

(1)为什么本实验测定的有机酸可用 NaOH 标准溶液直接滴定?

(2)操作步骤中,阿司匹林取样量约 0.4 g、草酸或枸橼酸取样量约 0.14 g,是怎样求得的?现一份草酸或枸橼酸样品倒出过多,其质量达 0.169 4 g,是否需要重称?

实验 7　铵盐中氮含量的测定(甲醛法)

一、目的要求

(1)掌握甲醛法测定铵盐中氮含量的基本原理。

(2)了解当甲基红和酚酞混合时,溶液颜色随 pH 值变化而变化的情况。

二、基本原理

铵盐 NH_4Cl 和 $(NH_4)_2SO_4$ 是常用的氮肥,属强酸弱碱盐,由于 NH_4^+ 的酸性太弱($K_a = 5.6 \times 10^{-10}$),在水溶液中不能用碱标准溶液直接准确滴定。

在生产和实验室中,常采用甲醛法测定铵盐中氮的含量,利用甲醛与 NH_4^+ 作用定量生成 H^+ 和质子化的六亚甲基四胺($K_a = 7.1 \times 10^{-6}$),可以在水溶液中,以酚酞为指示剂,用 NaOH 标准溶液直接滴定。NH_4^+ 与甲醛的反应式及滴定反应式分别为

$$4NH_4^+ + 6HCHO = (CH_2)_6N_4H^+ + 3H^+ + 6H_2O$$

$$(CH_2)_6N_4H^+ + 3H^+ + 4OH^- = (CH_2)_6N_4 + 4H_2O$$

铵盐中氮含量计算公式为

$$w_N/(\%) = \frac{c_{NaOH}V_{NaOH} \times 14.01}{m_s \times 1\,000} \times 100$$

三、仪器与试剂

(1)分析天平(0.1 mg);碱式滴定管;锥形瓶;容量瓶;移液管。

(2)0.1 mol/L NaOH 标准溶液(同实验5)。

(3)0.2%酚酞指示剂(同实验4);0.1%甲基红指示剂(同实验4)。

(4)40%甲醛溶液。

(5)样品:铵盐。

四、实验步骤

(1)制备中性甲醛溶液。取 40%甲醛溶液 15 mL,加去离子水 15 mL,加 1~2 滴酚酞指示剂,用 0.1 mol/L NaOH 标准溶液中和至溶液呈微红色(除去甲醛中常含有的甲酸)。

(2)取铵盐约 0.6 g,精密称定,置于 100 mL 容量瓶,用蒸馏水溶解并定容,精密量取 25 mL,加甲基红指示剂 1~2 滴,用 0.1 mol/L NaOH 标准溶液中和至溶液恰转为橙黄色(除去铵盐样品中的游离酸);加入中性甲醛溶液 8 mL,酚酞指示剂 1~2 滴,摇匀,静置 1 min 待反应完全,用 0.1 mol/L NaOH 标准溶液滴定至溶液呈橙色(30 s 不褪色),即为终点。平行测定三次,计算试样中的氮含量及相对平均偏差。

五、数据记录及处理

(略)

六、思考题

(1)为什么中和甲醛中的甲酸时以酚酞为指示剂,而中和铵盐试样中的游离酸时则用甲基红作指示剂? 由于酚酞和甲基红的同时存在,滴定过程中溶液的颜色将如何变化?

(2)NH_4HCO_3 中氮含量能否用甲醛法测定? 有机氮化合物中氮含量测定常用什么方法?

实验8 0.1 mol/L HCl 标准溶液的标定及工业纯碱总碱量的测定

一、目的要求

(1)掌握配制标准溶液和用基准物质标定酸标准溶液浓度的方法。

(2)掌握酸式滴定管滴定操作和滴定终点的判断。

(3)掌握工业纯碱中总碱度的测定原理和方法。

(4)掌握定量转移操作的基本要点。

二、基本原理

市售盐酸为无色 HCl 水溶液，HCl 的质量分数为 36%～38%，相对密度约为 1.18，易挥发，不符合直接法配制标准溶液的要求；标定 HCl 标准溶液的基准物质有无水碳酸钠（Na_2CO_3）和硼砂（$Na_2B_4O_7 \cdot 10H_2O$）。本实验选用无水碳酸钠为基准物质，用甲基红-溴甲酚绿混合指示剂指示终点（变色点 pH=5.1），终点颜色是由绿色转变为暗紫色。标定反应式为

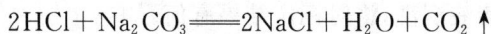

$$2HCl + Na_2CO_3 =\!=\!= 2NaCl + H_2O + CO_2 \uparrow$$

计算公式为

$$c_{HCl} = \frac{2m_{Na_2CO_3} \times 1\,000}{M_{Na_2CO_3} \times V_{HCl}} \qquad (M_{Na_2CO_3} = 105.99 \text{ g/mol})$$

纯碱俗称苏打，工业纯碱的主要成分是碳酸钠，可能含有少量的 NaCl、Na_2SO_4、NaOH 或 $NaHCO_3$ 等。工业纯碱的质量用总碱量（以 Na_2CO_3 或 Na_2O 的质量分数表示）衡量，常用酸碱滴定法测定，本实验用 HCl 标准溶液滴定，反应同标定反应。计算公式为

$$w_{Na_2O}/(\%) = \frac{c_{HCl}V_{HCl} \times 61.98}{m_s \times 2\,000} \times 100$$

三、仪器与试剂

(1)分析天平(0.1 mg)；称量瓶；25 mL 酸式滴定管；250 mL 锥形瓶。

(2)无水碳酸钠(AR)(270～300 ℃干燥至恒重)；浓盐酸(AR)。

(3)甲基红-溴甲酚绿混合指示剂：将 0.1% 的溴甲酚绿乙醇溶液与 0.2% 的甲基红乙醇溶液按 3∶1 的体积比混合摇匀，即得。

(4)样品：工业纯碱。

四、实验步骤

(1)0.1 mol/L HCl 溶液的配制：量取浓盐酸 9.0 mL，加蒸馏水定容至 1 000 mL，摇匀。

(2)0.1 mol/L HCl 溶液的标定：取 270～300 ℃干燥至恒重的无水碳酸钠约 0.5 g（±10%），精密称定，置于小烧杯中，加适量蒸馏水使其溶解，全部转移至 100 mL 容量瓶中，用蒸馏水定容，摇匀后，精密量取 20 mL 于 250 mL 锥形瓶中，加蒸馏水 25 mL，加甲基红-溴甲酚绿混合指示剂 10 滴。用 0.1 mol/L HCl 溶液滴定至溶液由绿色转变为紫红色时，煮沸 2 min，冷却至室温，继续滴定，由绿色变为暗紫色即为滴定终点。平行测定三次，计算 HCl 标准溶液的浓度，三次测定的相对平均偏差应小于 0.2%。

(3)取工业纯碱样品约 1.5 g，精密称定，置于小烧杯中，加少量水使其溶解（可加热），全部转移至 250 mL 容量瓶中，用蒸馏水稀释至刻度，摇匀。准确量取 25.00 mL，置于 250 mL 锥形瓶中，余下操作同标定，记录滴定体积，计算总碱量（以 Na_2O 的质量分数计），平行测定三次。

五、数据记录及处理

(略)

六、注意事项

(1)溶液中 CO_2 过多,酸度增大,会使终点出现过早,在滴定快到终点时应剧烈摇动溶液以加快 H_2CO_3 的分解并加热除去过量的 CO_2,冷却后再滴定。

(2)计算样品总碱量时注意滴定的量是称样量的 1/10。

七、思考题

(1)称量基准 Na_2CO_3 时,若吸收了水分,对标定结果有何影响?

(2)滴定管未用 HCl 溶液润洗,将对标定结果有何影响?

(3)本实验是否可选用酚酞指示剂?说明原因。

实验 9　0.1 mol/L 高氯酸标准溶液的配制与标定

一、目的要求

(1)掌握高氯酸标准溶液的配制与标定方法。

(2)掌握非水溶液酸碱滴定的原理、特点和操作条件。

二、基本原理

冰醋酸是滴定弱酸常用的溶剂。常见的酸在冰醋酸中以高氯酸的酸性最强,形成的产物易溶于有机溶剂,所以在非水滴定中常用高氯酸做标准溶液。邻苯二甲酸氢钾在冰醋酸中显碱性,可作为标定高氯酸标准溶液的基准物质,采用结晶紫为指示剂,用高氯酸的冰醋酸溶液滴定至溶液颜色由紫色变为蓝色,即为终点。滴定反应式为

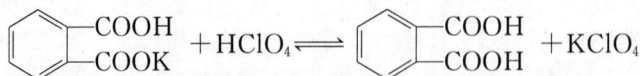

由于冰醋酸的膨胀系数较大,高氯酸标准溶液的浓度随温度的变化而改变,若测定与标定时温度超过 10 ℃,应重新标定。若未超过 10 ℃,可将高氯酸的浓度加以校正,校正计算式为

$$c_1 = \frac{c_0}{1 + 0.001\,1(t_1 - t_0)}$$

标定时同时做空白实验。高氯酸的浓度计算公式为

$$c_{HClO_4} = \frac{m_{KHC_8H_4O_4} \times 1\,000}{M_{KHC_8H_4O_4}(V_{HClO_4} - V_空)} \qquad (M_{KHC_8H_4O_4} = 204.2 \text{ g/mol})$$

三、仪器与试剂

(1)分析天平(0.1 mg);称量瓶;25 mL 酸式滴定管;250 mL 锥形瓶。

(2)邻苯二甲酸氢钾基准试剂(105~110 ℃干燥至恒重);高氯酸(AR,70%~72%)。

(3)0.5%结晶紫溶液:取 0.5 g 结晶紫,加 100 mL 无水冰醋酸溶解。

(4)冰醋酸(AR);醋酸酐(AR)。

四、实验步骤

(1)无水冰醋酸的配制:取一级冰醋酸(99.8%,相对密度 1.050)500 mL 加醋酸酐 5.7 mL,

或取二级冰醋酸(99％,相对密度 1.053)500 mL 加醋酸酐 27.5 mL,振摇。

(2)0.1 mol/L HClO₄-HAc 标准溶液的配制:取高氯酸约 8.5 mL,缓缓加入无水冰醋酸 750 mL,混合均匀,缓缓滴加醋酸酐 24 mL,边加边摇,加完后再振摇均匀,冷至室温,加适量无水冰醋酸定容至 1 000 mL,摇匀,于棕色瓶放置 24 h 后标定浓度。

(3)0.1 mol/L HClO₄-HAc 标准溶液的标定:取在 105 ℃ 干燥至恒重的邻苯二甲酸氢钾约 0.3 g,精密称定,置于干燥锥形瓶中,加无水冰醋酸 20 mL 使其溶解,加结晶紫指示剂 1 滴,用待标液缓缓滴定至由紫色变为蓝色,即为终点,另取无水冰醋酸 20 mL,按上述操作进行空白实验校正。

五、数据记录及处理

(略)

六、注意事项

(1)配制高氯酸标准溶液时,不能将醋酸酐直接加入高氯酸中,应先用无水冰醋酸将高氯酸稀释后再缓缓加入醋酸酐。

(2)配好的标准溶液应在棕色瓶中密闭保存。

七、思考题

(1)为什么邻苯二甲酸氢钾既可标定碱,又可标定酸?
(2)为什么在标定和滴定时要做空白实验?
(3)在非水酸碱滴定中,若容器、试剂含有微量水分,对测定结果有什么影响?

实验 10 枸橼酸钠的含量测定

一、目的要求

(1)掌握用非水滴定法测定枸橼酸钠含量的原理和方法。
(2)掌握结晶紫指示剂的滴定终点。

二、基本原理

枸橼酸钠为有机酸盐,因枸橼酸的酸性较强,生成的盐碱性太弱,不能用酸直接滴定,因此通常在非水的介质冰醋酸中,提高其表面碱度,用高氯酸直接滴定。反应式为

$$C_6H_5O_7Na_3 + 3HClO_4 \longrightarrow C_6H_5O_7H_3 + 3NaClO_4$$

计算公式为

$$w_{C_6H_5O_7Na_3 \cdot 2H_2O}/(\%) = \frac{1}{3} \times \frac{c_{HClO_4} \times (V_{HClO_4} - V_{0,HClO_4}) \times M_{C_6H_5O_7Na_3 \cdot 2H_2O}}{m_s \times 1\,000} \times 100$$

$$(M_{C_6H_5O_7Na_3 \cdot 2H_2O} = 294.1 \text{ g/mol})$$

三、仪器与试剂

(1)分析天平(0.1 mg);称量瓶;25 mL 酸式滴定管;250 mL 锥形瓶。

(2)0.1 mol/L 高氯酸标准溶液(同实验 9)。

(3)0.5%结晶紫溶液(同实验 9);冰醋酸(AR);醋酸酐(AR)。

(4)样品:枸橼酸钠。

四、实验步骤

取枸橼酸钠约 0.1 g,精密称定,加冰醋酸 20 mL 和醋酸酐 2 mL,加热溶解后,放冷,加结晶紫指示剂 1 滴,用 0.1 mol/L 高氯酸标准溶液滴定到溶液为蓝绿色,并将滴定结果用空白实验校正。平行测定三次。

五、数据记录及处理

(略)

六、注意事项

(1)所用的玻璃仪器,如滴定管、锥形瓶等均要绝对干燥。

(2)终点颜色从紫红色到蓝紫色至纯蓝色最后为蓝绿色,从纯蓝色到蓝绿色须注意颜色的观察,且所需标准溶液的量要接近。

(3)非水滴定法必须做空白实验进行校正。

(4)要注意温度对高氯酸标准溶液浓度的影响,在温度变化时应对浓度进行校正。

七、思考题

(1)加入醋酸酐的目的是什么?

(2)样品中的结晶水是否将消耗标准溶液? 为什么?

(3)不同强度的有机酸或有机碱,在非水滴定中应如何选择溶剂?

实验 11　银量法标准溶液的配制与标定

一、目的要求

(1)掌握 $AgNO_3$ 标准溶液、NH_4SCN 标准溶液的配制、标定原理和方法。

(2)熟悉银量法指示剂种类、变色原理和沉淀滴定法滴定终点的判断。

二、基本原理

1.标定 $AgNO_3$ 标准溶液

选用基准物 NaCl 标定 $AgNO_3$ 标准溶液。

(1)采用吸附指示剂法(法扬司法)标定,以荧光黄(HFIn)为指示剂,用 $AgNO_3$ 标准溶液滴定 NaCl 溶液,终点时混浊液由黄绿色变为微红色。加入糊精增大表面积,保护胶体,防止沉淀聚沉,反应条件为 pH=7~10。反应式为

指示剂解离:HFIn $\longrightarrow$ H^+ +FIn^-(黄绿色)

终点前,Cl^- 过量:AgCl · Cl^-|M^+

终点时,Ag^+ 稍过量:AgCl · Ag^+ +FIn^-(黄绿色)$\longrightarrow$AgCl · Ag^+|FIn^-(微红色)

(2)采用铬酸钾法(莫尔法)标定,以 K_2CrO_4 为指示剂,在中性或弱碱性溶液中,用 $AgNO_3$ 标准溶液滴定。因为 $S_{AgCl}<S_{Ag_2CrO_4}$,根据分步沉淀原理,先生成 AgCl 沉淀,当达到计量点时,稍过量的 Ag^+ 与 CrO_4^{2-} 生成砖红色 Ag_2CrO_4 沉淀。

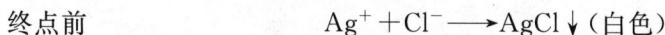

终点前　　　　　　　　　　$Ag^+ + Cl^- \longrightarrow AgCl\downarrow$(白色)

终点时　　　　　　　　$2Ag^+ + CrO_4^{2-} \longrightarrow Ag_2CrO_4\downarrow$(砖红色)

计算公式为　　　　　$c_{AgNO_3}=\dfrac{m_{NaCl}}{M_{NaCl}V_{AgNO_3}}\times 1\,000$　　　($M_{NaCl}=58.44$ g/mol)

2. 标定 NH_4SCN 标准溶液

选用比较法标定 NH_4SCN 标准溶液的浓度,以铁铵矾为指示剂(佛尔哈德法),用 NH_4SCN 标准溶液滴定已知浓度的 $AgNO_3$ 标准溶液。反应在酸性条件下进行。反应式为

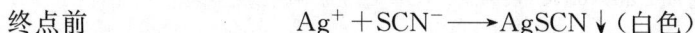

终点前　　　　　　　　　　$Ag^+ + SCN^- \longrightarrow AgSCN\downarrow$(白色)

终点时　　　　　　　　$Fe^{3+} + SCN^- \longrightarrow [Fe(SCN)]^{2+}$(红色)

计算公式为　　　　　　　　　$c_{NH_4SCN}=\dfrac{c_{AgNO_3}V_{AgNO_3}}{V_{NH_4SCN}}$

三、仪器与试剂

(1)分析天平(0.1 mg);称量瓶;25 mL 酸式滴定管;250 mL 锥形瓶。

(2)$AgNO_3$(AR);NaCl(基准试剂);NH_4SCN(AR)。

(3)0.1%荧光黄指示剂:取荧光黄 0.1 g,加乙醇 100 mL 溶解。

(4)2%糊精溶液:取糊精 2 g,加水 100 mL。

(5)K_2CrO_4 指示剂:取 K_2CrO_4 5 g,加 100 mL 蒸馏水溶解,摇匀。

(6)40%铁铵矾指示剂:称取 40 g $NH_4Fe(SO_4)_2\cdot 12H_2O$,用 1 mol/L HNO_3 溶液100 mL 溶解。

(7)6 mol/L HNO_3 溶液。

四、实验步骤

(1)$AgNO_3$ 标准溶液(0.1 mol/L)的配制:称取 $AgNO_3$ 17.5 g,置于烧杯中,用无 Cl^- 的蒸馏水溶解,然后转入棕色试剂瓶中,稀释至 1 000 mL,摇匀,密塞储存。

(2)NH_4SCN 标准溶液(0.1 mol/L)的配制:称取 NH_4SCN 8 g,置于烧杯中,加适量蒸馏水溶解,然后转入试剂瓶中,加蒸馏水稀释至 1 000 mL,摇匀。

(3)0.1 mol/L $AgNO_3$ 标准溶液的标定:

①方法一(法扬司法):取在 270 ℃ 干燥至恒重的基准物质 NaCl 约0.13 g,精密称定,置于 250 mL 锥形瓶中,加蒸馏水 50 mL 溶解后,再加糊精溶液 5 mL、荧光黄指示剂 8 滴,用 0.1 mol/L $AgNO_3$ 标准溶液滴定至混浊液由黄绿色转变为微红色,即为终点。

②方法二(莫尔法):取在 270 ℃ 干燥至恒重的基准物质 NaCl 约0.13 g,精密称定,置于 250 mL 锥形瓶中,加蒸馏水 50 mL 溶解,加 K_2CrO_4 指示剂 10 滴,在不断振摇下,用 0.1 mol/L $AgNO_3$ 标准溶液滴定至混浊液由白色转变为砖红色,即为终点。

记录滴定体积,计算 $AgNO_3$ 标准溶液的浓度。

(4)0.1 mol/L NH_4SCN 标准溶液的标定:精密量取 0.1 mol/L $AgNO_3$ 标准溶液 20.00 mL,置于 250 mL 锥形瓶中,加蒸馏水 20 mL、6 mol/L HNO_3 溶液 5 mL 与铁铵矾指示剂 2 mL,用

0.1 mol/L NH₄SCN 标准溶液滴定,当滴定至溶液呈现微红色,强烈振摇后仍不褪色时,即为终点。记录读数,计算 NH₄SCN 标准溶液的浓度。

五、数据记录及处理

(略)

六、注意事项

(1)AgNO₃ 标准溶液应装入棕色酸式滴定管中,因为 AgNO₃ 具有氧化性。

(2)加入 HNO₃ 是为阻止 Fe^{3+} 水解,所用 HNO₃ 应不含有氮的低价氧化物,因为它能与 SCN^- 或 Fe^{3+} 反应生成红色物质(如 NOSCN、$[Fe(NO)]^{3+}$)影响终点观察。

七、思考题

(1)按指示终点的方法不同,标定 AgNO₃ 标准溶液有几种方法?条件分别是什么?

(2)配制 AgNO₃ 标准溶液为什么用不含 Cl^- 的蒸馏水?如何检查有无 Cl^-?

(3)铁铵矾法中,能否用 $Fe(NO_3)_3$ 或 $FeCl_3$ 作指示剂?

实验 12　溴化钾的含量测定(莫尔法)

一、目的要求

掌握铬酸钾指示剂的变色原理和使用方法。

二、基本原理

KBr 是一种镇静剂,其含量测定可采用沉淀滴定法。本实验采用铬酸钾法测定,以 AgNO₃ 为滴定剂,K_2CrO_4 为指示剂,在中性或弱碱性溶液中测定 KBr 的含量。

终点前　　　　　　　　　$Ag^+ + Br^- \longrightarrow AgBr\downarrow$(淡黄色)

终点时　　　　　　　　$2Ag^+ + CrO_4^{2-} \longrightarrow Ag_2CrO_4\downarrow$(砖红色)

因为 $S_{AgBr} < S_{Ag_2CrO_4}$,根据分步沉淀原理,先生成 AgBr 沉淀,当达到计量点时,稍过量的 Ag^+ 与 CrO_4^{2-} 生成砖红色 Ag_2CrO_4 沉淀。

计算公式为

$$w_{KBr}/(\%) = \frac{c_{AgNO_3} V_{AgNO_3} M_{KBr}}{m_s \times 1\,000} \times 100 \qquad (M_{KBr} = 119.0 \text{ g/mol})$$

三、仪器与试剂

(1)分析天平(0.1 mg);25 mL 酸式滴定管;250 mL 锥形瓶;100 mL 容量瓶;25 mL 移液管。

(2)0.1 mol/L AgNO₃ 标准溶液(同实验 11)。

(3)5% K_2CrO_4 指示剂:取铬酸钾 5 g,加少量蒸馏水溶解,稀释至 100 mL,摇匀。

(4)样品:KBr 试样。

四、实验步骤

取 KBr 试样约 0.25 g,精密称定,置于锥形瓶中,加蒸馏水 50 mL 使其溶解,加 K_2CrO_4 指示剂 10 滴,在不断振摇下,用 0.1 mol/L $AgNO_3$ 标准溶液滴定至混浊液由淡黄色转变为橙红色,即为终点。记录读数,计算 KBr 的含量。

五、数据记录及处理

(略)

六、注意事项

(1)因为 AgBr 沉淀易吸附 Br^-,使溶液中 Br^- 浓度降低,终点提前出现,所以在滴定过程中应充分振摇,使被吸附的 Br^- 释放出来。

(2)该实验常需进行空白实验,即用 50 mL 蒸馏水加 10 滴 K_2CrO_4 指示剂,用 $AgNO_3$ 标准溶液滴定至橙红色终点,记下校正值 $AgNO_3$ 的体积,此值应在 0.05 mL 以内。由上面所需 $AgNO_3$ 体积减去校正值,即为用于滴定 AgBr 时真正所消耗 $AgNO_3$ 的量。

七、思考题

按指示终点的方法不同,溴化钾的含量测定有几种方法?条件分别是什么?

实验 13　0.01 mol/L EDTA 标准溶液的配制与标定

一、目的要求

(1)掌握 EDTA 标准溶液的配制和标定方法。
(2)了解金属指示剂的变色原理及注意事项,了解配位滴定的特点。
(3)学会使用铬黑 T 指示剂判断终点。

二、基本原理

EDTA 标准溶液常用乙二胺四乙酸二钠配制,乙二胺四乙酸二钠是白色结晶粉末,因不易得纯品,标准溶液用间接法配制。以氧化锌基准物质标定其浓度,在 pH=10 的条件下用铬黑 T 作指示剂,溶液由紫色变为纯蓝色为终点。

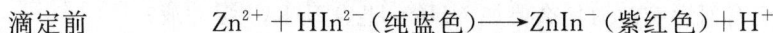

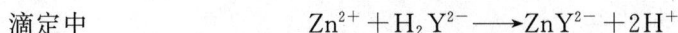

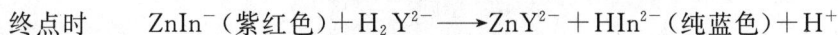

滴定前　　　　　　$Zn^{2+}+HIn^{2-}$(纯蓝色)$\longrightarrow ZnIn^-$(紫红色)$+H^+$

滴定中　　　　　　　$Zn^{2+}+H_2Y^{2-}\longrightarrow ZnY^{2-}+2H^+$

终点时　　$ZnIn^-$(紫红色)$+H_2Y^{2-}\longrightarrow ZnY^{2-}+HIn^{2-}$(纯蓝色)$+H^+$

计算公式为　　　　　　　$c_{EDTA}=\dfrac{m_{ZnO}\times 100}{V_{EDTA}\times M_{ZnO}}$　　　$(M_{ZnO}=81.38\ \text{g/mol})$

三、仪器与试剂

(1)分析天平(0.1 mg);称量瓶;25 mL 酸式滴定管;容量瓶;移液管;250 mL 锥形瓶。
(2)ZnO(基准试剂,800 ℃灼烧至恒重);乙二胺四乙酸二钠(AR)。

(3)0.5%铬黑 T 指示剂:取铬黑 T 指示剂 0.1 g,溶于 15 mL 三乙醇胺,待完全溶解后,加 5 mL 无水乙醇(此溶液可保存数月)。

(4)$NH_3 \cdot H_2O$-NH_4Cl 缓冲液(pH=10):取氯化铵 20 g,溶于少量蒸馏水中,加入浓氨水 100 mL,用水稀释至 1 000 mL。

(5)氨试液:取浓氨水 400 mL,加水稀释至 1 000 mL。

(6)4 mol/L HCl 溶液:取浓盐酸 300 mL,加水稀释至 900 mL。

(7)0.2%甲基红指示剂:称取甲基红 0.2 g,加乙醇 100 mL 溶解。

四、实验步骤

(1)0.01 mol/L EDTA 溶液的配制:取 EDTA-2Na·$2H_2O$ 约 3.8 g,加 300 mL 蒸馏水,超声溶解,稀释至 1 000 mL(长期放置时,应储存于聚乙烯瓶中)。

(2)0.01 mol/L EDTA 溶液的标定:取已在 800 ℃灼烧至恒重的基准物 ZnO 约 0.18 g,精密称定。加 4 mol/L HCl 溶液 10 mL 使其溶解后,全部转移至 100 mL 容量瓶中,加蒸馏水稀释至刻度,摇匀。精密吸取 10.0 mL 于 250 mL 锥形瓶中,加甲基红指示剂 1 滴,滴加氨试液使溶液呈微黄色,加蒸馏水 25 mL、$NH_3 \cdot H_2O$-NH_4Cl 缓冲液 10 mL 和铬黑 T 指示剂 1～2 滴,用 0.01 mol/L EDTA 溶液滴定至溶液由紫红色变为纯蓝色,即为终点。平行测定三次。

五、数据记录及处理

(略)

六、注意事项

(1)储存 EDTA 溶液应选用聚乙烯瓶或硬质玻璃瓶,以免 EDTA 与玻璃中金属离子作用。

(2)甲基红指示剂只需加 1 滴,如多加了几滴,在滴加氨试液后溶液呈较深的黄色,致使终点时颜色发绿,不易判断终点。

(3)滴加氨试液至溶液呈微黄色,应边加边摇,加多了会生成 $Zn(OH)_2$ 沉淀,此时应用稀 HCl 溶液调回至沉淀刚溶解。

(4)配位反应为分子反应,反应速度不如离子反应快,近终点时,滴定速度不宜太快。

(5)计算浓度时注意滴定的量是称样量的 1/10。

七、思考题

(1)酸度对配位滴定有何影响?为什么要加 $NH_3 \cdot H_2O$-NH_4Cl 缓冲液?

(2)选择金属指示剂的原则是什么?

实验 14　水的硬度测定

一、目的要求

(1)了解水的硬度的测定意义和常用的硬度表示方法。

(2)掌握 EDTA 法测定水的硬度的原理和方法。

(3)进一步掌握铬黑 T 指示剂的应用,了解金属指示剂的特点。

二、基本原理

常水(自来水、河水、井水等)中含有较多的钙盐和镁盐,所以常水称为硬水,其中钙、镁离子含量以硬度表示。水的总硬度包括暂时硬度和永久硬度。

暂时硬度:水中含有钙、镁的酸式碳酸盐,遇热即成碳酸盐沉淀而失去其硬性。反应式为

$$Ca(HCO_3)_2 \xrightarrow{\triangle} CaCO_3 \downarrow + H_2O + CO_2 \uparrow$$

$$Mg(HCO_3)_2 \longrightarrow MgCO_3 \downarrow (不完全) + H_2O + CO_2 \uparrow$$

$$\xrightarrow{+H_2O} Mg(OH)_2 \downarrow + CO_2 \uparrow$$

永久硬度:水中含有钙、镁的硫酸盐、氯化物、硝酸盐,在加热时也不沉淀(但在锅炉运行温度下,溶解度低的可析出而成锅垢)。

水中钙、镁离子的含量可用 EDTA 法测定。在 pH=10 时,以铬黑 T 为指示剂,用 0.01 mol/L EDTA 标准溶液直接测定水中的 Ca^{2+}、Mg^{2+} 含量。

滴定前　　　　　$Ca^{2+} + HIn^{2-}$(纯蓝色)$\longrightarrow CaIn^-$(紫红色)$+ H^+$

　　　　　　　　$Mg^{2+} + HIn^{2-}$(纯蓝色)$\longrightarrow MgIn^-$(紫红色)$+ H^+$

终点时　　$MgIn^-$(紫红色)$+ H_2Y^{2-} \longrightarrow MgY^{2-} + HIn^{2-}$(纯蓝色)$+ H^+$

水的硬度的表示方法有多种,本书采用我国目前常用的表示方法,以度(°)计,1 硬度单位表示十万份水中含 1 份 CaO。

计算公式为　硬度$(°) = \dfrac{c_{EDTA} V_{EDTA} M_{CaO}}{V_{水} \times 1\,000} \times 10^5$　　　$(M_{CaO} = 56.08\ \text{g/mol})$

三、仪器与试剂

(1)25 mL 酸式滴定管;100 mL 容量瓶;250 mL 锥形瓶。

(2)0.01 mol/L EDTA 标准溶液(同实验 13)。

(3)0.5% 铬黑 T 指示剂(同实验 13);$NH_3 \cdot H_2O\text{-}NH_4Cl$ 缓冲液(pH=10)(同实验 13)。

(4)样品:自来水。

四、实验步骤

精密量取自来水 100.0 mL(可用容量瓶取)于 250 mL 锥形瓶中,加入 $NH_3 \cdot H_2O\text{-}NH_4Cl$ 缓冲液(pH=10)5 mL,摇匀,再加入 0.5% 铬黑 T 指示剂 1～2 滴,摇匀,用 0.01 mol/L EDTA 标准溶液滴定至溶液由紫红色变为纯蓝色,即为终点。平行测定三次。

五、数据记录及处理

(略)

六、注意事项

(1)滴定时,因反应速度较慢,在接近终点时,应缓慢加入标准溶液,并充分摇匀。在氨性溶液中,当 $Ca(HCO_3)_2$ 含量高时,可能析出 $CaCO_3$ 沉淀,使终点颜色不敏锐,可于滴定前先将

溶液酸化,加 2～3 滴 4 mol/L HCl 溶液,煮沸溶液除去 CO_2,注意 HCl 不宜多加,以免影响滴定的 pH 值。

(2)测定其他水质硬度时可根据具体情况适当稀释,如测定海水中镁含量时可稀释 40 倍。

七、思考题

(1)什么叫水的硬度?

(2)钙、镁含量测定除用本实验方法外还可以用哪些方法?

实验 15　0.01 mol/L $ZnSO_4$ 标准溶液的配制与标定

一、目的要求

(1)掌握 $ZnSO_4$ 标准溶液的配制和标定方法。

(2)了解金属指示剂变色原理及使用注意事项。

二、基本原理

$ZnSO_4$ 标准溶液常用间接法配制,将 $ZnSO_4 \cdot 7H_2O$ 溶于水,配制成所需的近似浓度的溶液,再用 EDTA 标准溶液标定。以铬黑 T 为指示剂,滴定条件为 pH=10,终点由紫红色变为纯蓝色。滴定过程中反应式如下:

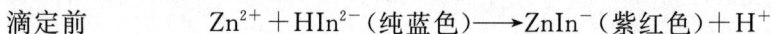

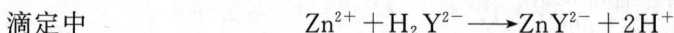

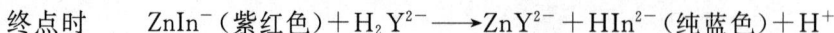

滴定前　　　　　$Zn^{2+} + HIn^{2-}$(纯蓝色)$\longrightarrow ZnIn^-$(紫红色)$+ H^+$

滴定中　　　　　$Zn^{2+} + H_2Y^{2-} \longrightarrow ZnY^{2-} + 2H^+$

终点时　　$ZnIn^-$(紫红色)$+ H_2Y^{2-} \longrightarrow ZnY^{2-} + HIn^{2-}$(纯蓝色)$+ H^+$

计算公式为

$$c_{ZnSO_4} = \frac{c_{EDTA} V_{EDTA}}{V_{ZnSO_4}}$$

三、仪器与试剂

(1)25 mL 酸式滴定管;20 mL 移液管;250 mL 锥形瓶。

(2)$ZnSO_4 \cdot 7H_2O$(AR);0.01 mol/L EDTA 标准溶液(同实验 13)。

(3)铬黑 T 指示剂。

(4)$NH_3 \cdot H_2O$-NH_4Cl 缓冲液(pH=10)、氨试液、甲基红指示剂(同实验 13)。

(5)稀盐酸(同实验 13)。

四、实验步骤

(1)0.01 mol/L $ZnSO_4$ 标准溶液的配制:粗称 $ZnSO_4 \cdot 7H_2O$ 3.3 g,加稀盐酸 40 mL,再加蒸馏水 1 000 mL,溶解,置于试剂瓶中摇匀。

(2)0.01 mol/L $ZnSO_4$ 标准溶液的标定:精密移取 $ZnSO_4$ 溶液 20.00 mL,置于 250 mL 锥形瓶中,加甲基红指示剂 1 滴,滴加氨试液至溶液呈微黄色,再加蒸馏水 25 mL、$NH_3 \cdot H_2O$-NH_4Cl 缓冲液 10 mL、铬黑 T 指示剂 1～2 滴,用 0.01 mol/L EDTA 标准溶液滴定至溶液自紫红色转变为纯蓝色,即为终点。平行测定三次。

五、数据记录及处理

（略）

六、思考题

标定 $ZnSO_4$ 的操作步骤中，甲基红指示剂、氨试液和 $NH_3 \cdot H_2O$-NH_4Cl 缓冲液的作用分别是什么？

实验 16　白矾中铝含量的测定

一、目的要求

(1)掌握配位滴定法中返滴定法的原理、操作及计算。

(2)了解 EDTA 测定铝盐含量的特点。

(3)掌握用二甲酚橙指示剂判断终点的方法。

二、基本原理

白矾主要组分为 $KAl(SO_4)_2 \cdot 12H_2O$，可先测定其组成中铝的含量，再换算成白矾的含量。铝离子能与 EDTA 形成比较稳定的配位化合物，但反应速度较慢，可采用返滴定法，即准确加入过量的 EDTA 标准溶液，待反应完全后，再用 $ZnSO_4$ 标准溶液滴定剩余的 EDTA。

选用二甲酚橙作指示剂，在 pH<6 时为黄色，计量点后，稍过量的 Zn^{2+} 即与其形成橙色的配合物，指示终点的到达。控制溶液 pH 值在 5~6。滴定过程反应式如下：

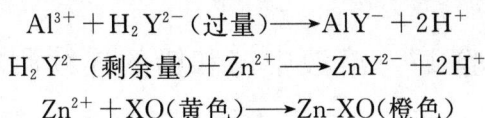

$$Al^{3+} + H_2Y^{2-}(过量) \longrightarrow AlY^- + 2H^+$$
$$H_2Y^{2-}(剩余量) + Zn^{2+} \longrightarrow ZnY^{2-} + 2H^+$$
$$Zn^{2+} + XO(黄色) \longrightarrow Zn\text{-}XO(橙色)$$

计算公式为

$$w_A/(\%) = \frac{(c_{EDTA}V_{EDTA} - c_{ZnSO_4}V_{ZnSO_4})M_A}{m_s \times 1\,000} \times 100$$

$$(M_A = 474.4 \text{ g/mol，A 为 } KAl(SO_4)_2 \cdot 12H_2O)$$

三、仪器与试剂

(1)分析天平(0.1 mg)；25 mL 酸式滴定管；称量瓶；移液管；容量瓶；250 mL 锥形瓶。

(2)0.01 mol/L EDTA 标准溶液(同实验 13)；0.01 mol/L $ZnSO_4$ 标准溶液(同实验 15)。

(3)0.2% 二甲酚橙指示剂：取 0.2 g 二甲酚橙，溶于 100 mL 蒸馏水中。

(4)20% 六亚甲基四胺(乌洛托品)水溶液：取 20 g 六亚甲基四胺，加蒸馏水至 100 mL，混匀。

(5)样品：白矾。

四、实验步骤

取白矾约 0.3 g，精密称定，置于小烧杯中，加蒸馏水溶解，定量转移至 100 mL 容量瓶中，稀释至刻度。精密移取 25.00 mL 至 250 mL 锥形瓶中,精密加入 0.01 mol/L EDTA 标准溶液 25.00 mL,煮沸 5 min,放冷,加 20%六亚甲基四胺溶液 25 mL、0.2%二甲酚橙指示剂 4 滴,用 0.01 mol/L $ZnSO_4$ 标准溶液滴定至溶液由黄色变为橙色。平行测定三次。

五、数据记录及处理

(略)

六、注意事项

(1)样品溶于水后,会缓慢水解出现混浊现象,在加入过量 EDTA 溶液后,即可溶解,故不影响测定。

(2)加热可使 Al^{3+} 与 EDTA 配位反应加速,一般在沸水浴中加热 3 min 反应程度可达 99%,为使反应完全,加热 10 min。

(3)当 pH<6 时,游离二甲酚橙呈黄色,滴定至终点时,微过量的 Zn^{2+} 与部分二甲酚橙配位呈紫红色,黄色与紫红色组成橙色。

(4)在滴定溶液中加入六亚甲基四胺控制溶液的酸度(pH=5～6),因 pH<4 时,配位不完全;pH>7 时,生成 $Al(OH)_3$ 沉淀。

(5)计算含量时注意滴定量是称样量的 1/4。

七、思考题

(1)测定铝盐含量为什么必须采用返滴定法? 能用铬黑 T 作指示剂吗?

(2)二甲酚橙是如何指示终点的? 为什么只能在酸性溶液中滴定? 还可采用何种试剂控制酸度? 六亚甲基四胺在滴定中起什么作用?

实验 17　溶液中铋和铅的连续测定

一、目的要求

(1)了解用控制酸度的方法进行多种金属离子连续配位滴定的原理及方法。

(2)了解二甲酚橙指示剂的应用。

(3)了解用 EDTA 进行连续滴定的方法。

二、基本原理

混合离子的配位滴定常用控制酸度法、掩蔽法进行,可根据有关副反应系数原理进行计算,判断是否可被分别滴定。

Bi^{3+}、Pb^{2+} 均能与 EDTA 形成稳定的 1∶1 配合物,lgK 分别为 27.94 和 18.04。由于两者的 lgK 相差很大,故可利用控制酸度法,在一份溶液中进行分别滴定。在 pH 值约为 1 时,滴定 Bi^{3+},在 pH 值为 5～6 时滴定 Pb^{2+}。

选用二甲酚橙作指示剂,调 pH 值约为 1,Bi^{3+} 与指示剂的配合物呈紫红色(Pb^{2+} 与指示剂在此条件下不会形成有色配合物),用 EDTA 标准溶液滴定,至溶液由紫红色变为黄色,即为 Bi^{3+} 终点,记录滴定 Bi^{3+} 消耗 EDTA 标准溶液的体积 V_1。

在滴定完 Bi^{3+} 的溶液中,加入六亚甲基四胺调节溶液的 pH 值至 6,此时 Pb^{2+} 与二甲酚橙形成紫红色配合物,溶液重新呈紫红色,然后用 EDTA 标准溶液继续滴定,当溶液由紫红色变为亮黄色,即为 Pb^{2+} 的终点,记录滴定 Pb^{2+} 消耗 EDTA 标准溶液的体积 V_2。

含量计算公式为

$$\rho=\frac{c_{EDTA}V_{EDTA}M_A}{V_s}\qquad (M_{Bi^{3+}}=208.98\ g/mol;M_{Pb^{2+}}=207.2\ g/mol)$$

式中:ρ 为被测离子的质量浓度(g/L);V_s 为实验中量取的试液体积(mL)。

三、仪器与试剂

(1)25 mL 酸式滴定管;20 mL 移液管;250 mL 锥形瓶。

(2)0.01 mol/L EDTA 标准溶液(同实验 13)。

(3)0.2% 二甲酚橙指示剂(同实验 16);20% 六亚甲基四胺水溶液(同实验 16)。

(4)Bi^{3+} 和 Pb^{2+} 混合液:称取 5 g $Bi(NO_3)_3$ 和 3 g $Pb(NO_3)_2$,移入装有 31 mL 6 mol/L HNO_3 溶液的烧杯中,在电炉上微热溶解后,稀释至 1 000 mL。

四、实验步骤

精密量取试液 20 mL 于 250 mL 锥形瓶中,加蒸馏水 15 mL,加入二甲酚橙指示剂 1~2 滴,用 EDTA 标准溶液滴定至溶液由紫红色变为黄色,即为 Bi^{3+} 的终点,记录滴定体积 V_1,然后加入 20% 六亚甲基四胺溶液 15 mL,溶液呈紫红色,继续用 EDTA 标准溶液滴定至溶液恰好由紫红色变为黄色,即为 Pb^{2+} 的终点,记录滴定体积 V_2。由 V_1 计算 Bi^{3+} 的含量,由 V_2 计算 Pb^{2+} 的含量,以 g/L 表示。

五、思考题

(1)滴定 Pb^{2+} 前为何要调节 pH 值至 5~6?

(2)Bi^{3+}、Pb^{2+} 连续滴定为什么能用二甲酚橙作指示剂而不能用铬黑 T?水硬度测定中为什么能用铬黑 T 作指示剂而不用二甲酚橙?

实验 18　0.1 mol/L 硫代硫酸钠标准溶液的配制与标定

一、目的要求

(1)掌握 $Na_2S_2O_3$ 标准溶液的配制方法和注意事项。

(2)了解置换碘量法的原理及操作过程,学会使用碘量瓶。

(3)正确使用淀粉指示液指示终点。

二、基本原理

$Na_2S_2O_3$ 标准溶液通常用 $Na_2S_2O_3 \cdot 5H_2O$ 配制,由于 $Na_2S_2O_3$ 遇酸迅速分解产生 S,配制时若水中含有较多 CO_2,则 pH 值偏低,容易使配得的 $Na_2S_2O_3$ 溶液变混浊。若水中有微生物,也能慢慢分解 $Na_2S_2O_3$,因此配制 $Na_2S_2O_3$ 溶液常用新煮沸放冷的蒸馏水,并加入少量的 Na_2CO_3,以防止 $Na_2S_2O_3$ 分解。

标定 $Na_2S_2O_3$ 可用 $K_2Cr_2O_7$、$KBrO_3$、KIO_3、$KMnO_4$ 等氧化剂,其中,使用 $K_2Cr_2O_7$ 最方便。采用置换滴定法,先使 $K_2Cr_2O_7$ 与过量的 KI 作用,再用待标定的 $Na_2S_2O_3$ 溶液滴定析出的 I_2,第一步反应为

$$Cr_2O_7^{2-}+14H^++6I^-\longrightarrow3I_2+2Cr^{3+}+7H_2O$$

酸度较低时,反应较慢,酸度太高则 KI 被空气氧化成 I_2,故酸度应控制在 0.6 mol/L 左右,避光放置 10 min,反应才能定量完成。第二步反应为

$$I_2+2S_2O_3^{2-}\longrightarrow2I^-+S_4O_6^{2-}$$

第一步反应析出的 I_2 用 $S_2O_3^{2-}$ 溶液滴定,用淀粉溶液作指示剂,以蓝色消失为终点。由于开始滴定时 I_2 较多,若此时加入淀粉指示剂,则 I_2 被淀粉吸附过牢,$Na_2S_2O_3$ 不易将 I_2 完全夺取,难以观察终点,因此必须在近终点时加入淀粉指示剂。

$Na_2S_2O_3$ 与 I_2 的反应只能在中性或弱碱性溶液中进行,在碱性溶液中发生副反应,反应式为

$$S_2O_3^{2-}+4I_2+10OH^-\longrightarrow2SO_4^{2-}+8I^-+5H_2O$$

而在酸性溶液中 $Na_2S_2O_3$ 又易分解,反应式为

$$S_2O_3^{2-}+2H^+\longrightarrow S\downarrow+SO_2\uparrow+H_2O$$

因此在用 $Na_2S_2O_3$ 溶液滴定前应将溶液稀释。用水稀释溶液除降低酸度外,还可避免溶液中 Cr^{3+} 颜色太深所致终点判断偏差。计算公式为

$$c_{Na_2S_2O_3}=\frac{6\times m_{K_2Cr_2O_7}\times1\,000}{V_{Na_2S_2O_3}\times M_{K_2Cr_2O_7}}\qquad(M_{K_2Cr_2O_7}=294.2\ g/mol)$$

三、仪器与试剂

(1)分析天平(0.1 mg);25 mL 酸式滴定管;称量瓶;250 mL 碘量瓶。

(2)$Na_2S_2O_3\cdot5H_2O$(AR);$K_2Cr_2O_7$(基准试剂)。

(3)Na_2CO_3(AR);KI 溶液(20%);HCl 溶液(4 mol/L)。

(4)1%淀粉溶液:取可溶性淀粉 1 g,加水 10 mL 搅匀后,缓缓滴入 90 mL 沸水中,随加随搅拌。继续煮沸 2 min,放冷,倾取上层清液即得。用时新鲜配制,不能放置过久。

四、实验步骤

(1)$Na_2S_2O_3$ 溶液的配制:在 1 000 mL 新煮沸并冷却的蒸馏水中加入 Na_2CO_3 约 0.2 g,溶解后,加入 $Na_2S_2O_3\cdot5H_2O$ 28 g,充分混合溶解后倒入棕色瓶中放置一周再标定。

(2)$Na_2S_2O_3$ 溶液的标定:取在 120 ℃干燥至恒重的基准 $K_2Cr_2O_7$ 约 0.1 g,精密称定,置于碘量瓶中,加蒸馏水 50 mL 使之溶解,加入 20% KI 溶液 10 mL,4 mol/L HCl 溶液 10 mL,密塞、摇匀、水封,暗处放置 10 min,用 50 mL 蒸馏水稀释,用 $Na_2S_2O_3$ 溶液滴定至近终点(淡黄绿色)时,加淀粉指示液 1 mL,继续滴定至蓝色消失而显亮绿色,即为终点。平行测定三次。

五、数据记录及处理

(略)

六、注意事项

(1)操作条件对置换碘量法的准确度影响很大。为防止碘的挥发和碘离子的氧化,必须严

格按分析规程谨慎操作。滴定开始时要快滴慢摇,减少碘的挥发。近终点时,要慢滴,加速振摇,减少淀粉对碘的吸附。

(2)用重铬酸钾标定硫代硫酸钠溶液时,滴定完了的溶液放置一定时间可能又变为蓝色。如果放置 5 min 后变蓝,是由于空气中 O_2 的氧化作用所致,可不予考虑;如果很快变蓝,说明 $K_2Cr_2O_7$ 与 KI 的反应没有定量进行完全,必须弃去重做。

(3)酸度对滴定有影响,要求在滴定过程中酸度控制在 $0.2 \sim 0.4$ mol/L,滴定前应用水稀释。

七、思考题

(1)配制 $Na_2S_2O_3$ 溶液时,为什么加 Na_2CO_3? 为什么用新煮沸放冷的蒸馏水? 能否先将 $Na_2S_2O_3$ 溶于蒸馏水之后再煮沸? 为什么?

(2)称 $K_2Cr_2O_7$、KI,量 H_2O 及 HCl 溶液各用什么容器?

(3)以重铬酸钾标定 $Na_2S_2O_3$ 浓度为何要加 KI? 为何要在暗处放置 10 min? 滴定前为何要稀释? 淀粉指示液为何在接近终点时加入?

实验 19　间接碘量法测定铜含量

一、目的要求

(1)掌握间接碘量法测定铜盐或铜合金中铜含量的原理和方法。

(2)巩固碘量法的操作。

二、基本原理

在弱酸性条件下,Cu^{2+} 可以与过量的 KI 反应,还原为 CuI,析出等量的 I_2,过量的 KI 可使 Cu^{2+} 的还原趋于完全,I^- 作为沉淀剂,可以提高 Cu^{2+}/Cu^+ 的氧化还原电位,有利于反应向右进行,使 Cu^{2+} 定量地还原;过量的 KI 使 I_2 生成 I_3^- 以防止 I_2 的挥发,减少 I_2 的损失。反应式为

$$2Cu^{2+} + 5I^- \longrightarrow 2CuI\downarrow + I_3^-$$

生成 I_2 的量取决于试样中 Cu^{2+} 的含量。析出的 I_2 以淀粉为指示剂,用 $Na_2S_2O_3$ 标准溶液滴定:

$$2S_2O_3^{2-} + I_3^- \longrightarrow S_4O_6^{2-} + 3I^-$$

因 $2Cu^{2+} \longrightarrow I_2 \longrightarrow 2Na_2S_2O_3$,故 $n_{Cu^{2+}} : n_{S_2O_3^{2-}} = 1:1$。

将铜盐或铜合金的铜采用适当的溶剂和方法溶解,使其都转变为游离 Cu^{2+} 的形态存在,即可以利用间接碘量法测定铜含量。

$$w_A/(\%) = \frac{c_{Na_2S_2O_3} V_{Na_2S_2O_3} M_A}{m_s \times 1\,000} \times 100 \quad (M_{CuSO_4 \cdot 5H_2O} = 249.71 \text{ g/mol}; M_{Cu} = 63.55 \text{ g/mol})$$

铜合金不溶于 HCl 溶液,但溶于 HCl 和 H_2O_2 溶液,其反应式如下:

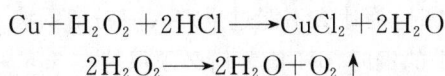

$$Cu + H_2O_2 + 2HCl \longrightarrow CuCl_2 + 2H_2O$$

$$2H_2O_2 \longrightarrow 2H_2O + O_2\uparrow$$

过量的 H_2O_2 可通过加热煮沸分解除去,避免对以后测定的干扰。铜矿中常含有 Fe、As、Sb 等金属,通常采用控制酸度法和掩蔽法消除干扰。

三、仪器与试剂

(1)分析天平(0.1 mg);称量瓶;25 mL 酸式滴定管;250 mL 碘量瓶。

(2)0.1 mol/L $Na_2S_2O_3$ 标准溶液(同实验 18)。

(3)20%KI 溶液;10% KSCN 溶液;1%淀粉指示液(同实验 18)。

(4)醋酸(AR,36%～37%);6 mol/L HCl 溶液;3% H_2O_2 溶液;氨水(1∶1)。

(5)20%氟氢化铵溶液(贮于塑料瓶中)。

(6)样品:胆矾或铜合金。

四、实验步骤

1. 胆矾中硫酸铜含量测定

取胆矾(主要成分为 $CuSO_4 \cdot 5H_2O$)样品约 0.5 g,精密称定,置于 250 mL 碘量瓶中,加蒸馏水 50 mL,溶解后加醋酸 4 mL、20% KI 溶液 10 mL,立即密塞摇匀。用 0.1 mol/L $Na_2S_2O_3$ 标准溶液滴定。至近终点时(溶液由红棕色变为黄色),加 1%淀粉指示液 1 mL,继续滴定至淡蓝色时,加入 10% KSCN 溶液 5 mL,摇动,此时溶液蓝色变深,再用 $Na_2S_2O_3$ 标准溶液继续滴定至蓝色消失,即为终点。平行测定三次,计算胆矾中 $CuSO_4 \cdot 5H_2O$ 的质量分数。

2. 铜合金中铜的测定

取铜合金试样约 0.1 g,精密称定,置于 250 mL 碘量瓶中,加入 6 mol/L HCl 溶液 10 mL 和 3%H_2O_2 溶液 2 mL 使溶解后,煮沸除去 H_2O_2。冷却后,加入蒸馏水和氨水(1∶1)各 50 mL,再加入 HAc 溶液(1∶1)、20%氟氢化铵溶液各 5 mL 和 20% KI 溶液 10 mL,立即用 $Na_2S_2O_3$ 标准溶液滴定至浅黄色,加 1%淀粉指示液 1 mL,继续滴定至浅蓝色,然后加入 10% KSCN 溶液 5 mL,溶液蓝色转深,继续用 $Na_2S_2O_3$ 标准溶液滴定至蓝色恰好消失即为滴定终点,此时溶液呈米黄色。平行测定三次,计算铜合金中铜的质量分数。

五、数据记录及处理

(略)

六、注意事项

(1)为了防止铜盐水解,需加醋酸使溶液呈微酸性。

(2)反应中生成的 CuI 沉淀吸附碘,使终点难以观察而影响结果的准确度,若在近终点时加入硫氰化钾或硫氰化铵,使 CuI 转变为溶解度更小的 CuSCN 沉淀,使原来吸附在 CuI 沉淀上的 I_2 释放出来,从而使反应完全,则终点易于观察。

七、思考题

(1)本实验为什么在弱酸性溶液中进行?能否在强酸性或碱性溶液中进行?

(2)滴定 $CuSO_4 \cdot 5H_2O$ 时,为什么不能过早加入淀粉指示液?

(3)碘量法测定铜合金中的铜时,pH 值为何必须保持在 3.5～4 范围内?pH 值过高或过低有何影响?

(4)加 KSCN 溶液的作用是什么?为什么不能过早加入?

实验 20 0.05 mol/L I$_2$ 标准溶液的配制与标定

一、目的要求

(1)掌握直接碘量法的操作过程。

(2)了解碘标准溶液的配制方法和注意事项。

二、基本原理

纯碘虽可用升华法制得,但因其具有挥发性和腐蚀性,不宜用分析天平准确称量,通常仍采用间接法配制成近似浓度的待标液,用 Na$_2$S$_2$O$_3$ 标准溶液或基准物质 As$_2$O$_3$ 标定。

I$_2$ 在水中的溶解度很小(0.000 2 g/mL),而且容易挥发,在有大量 KI 存在时,I$_2$ 与 I$^-$ 形成可溶性 I$_3^-$ 配离子,这样既增大了 I$_2$ 的溶解度,又降低了 I$_2$ 的挥发性。

加入少量 HCl 溶液,可使在 KI 中可能存在的少量 KIO$_3$ 与 KI 作用生成 I$_2$,以消除 KIO$_3$ 对滴定的影响。同时,在配制 Na$_2$S$_2$O$_3$ 溶液时加入了少量 Na$_2$CO$_3$,可使滴定反应不致在碱性溶液中进行。本实验选用 Na$_2$S$_2$O$_3$ 标准溶液标定碘标准溶液浓度。标定反应式为

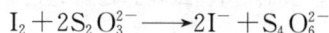

$$I_2 + 2S_2O_3^{2-} \longrightarrow 2I^- + S_4O_6^{2-}$$

计算公式为

$$c_{I_2} = \frac{c_{Na_2S_2O_3} V_{Na_2S_2O_3}}{2V_{I_2}}$$

三、仪器与试剂

(1)25 mL 酸式滴定管(棕色);250 mL 锥形瓶;20 mL 移液管。

(2)I$_2$(AR);KI(AR)。

(3)0.1 mol/L Na$_2$S$_2$O$_3$ 标准溶液(同实验 18)。

(4)1% 淀粉指示液(同实验 18)。

(5)4 mol/L HCl 溶液:取 300 mL 浓盐酸,加蒸馏水稀释至 900 mL。

(6)1 mol/L HCl 溶液:取 9 mL 浓盐酸,加蒸馏水稀释至 100 mL。

四、实验步骤

1.0.05 mol/L I$_2$ 标准溶液的配制

称取 7 g I$_2$ 和 18 g KI,置于小研钵中,加少量蒸馏水,加 4 mol/L HCl 溶液 1 mL,研磨至 I$_2$ 全部溶解后,转移入棕色试剂瓶中,加蒸馏水稀释至 500 mL,摇匀,密塞,放置一周以上再标定。

2.0.05 mol/L I$_2$ 标准溶液的标定

精密量取 0.1 mol/L Na$_2$S$_2$O$_3$ 标准溶液 20.00 mL,加蒸馏水 100 mL、1 mol/L HCl 溶液 1 mL、1% 淀粉指示液 1 mL,用待标定 I$_2$ 标准溶液滴定至溶液恰显蓝色,30 s 不褪色,即为终点。根据 Na$_2$S$_2$O$_3$ 标准溶液的浓度和体积及消耗的 I$_2$ 溶液的体积,计算 I$_2$ 标准溶液的浓度。平行测定三次。

或者:精密量取待标定 I$_2$ 标准溶液 20.00 mL,加蒸馏水 100 mL、1 mol/L HCl 溶液1 mL,用 0.1 mol/L Na$_2$S$_2$O$_3$ 标准溶液滴定至溶液呈浅黄色,加 1% 淀粉指示液 1 mL,溶液显蓝色,

继续滴定至蓝色恰褪去(30 s 内不变回蓝色),即为终点。根据 I_2 溶液的体积及 $Na_2S_2O_3$ 标准溶液的浓度和消耗的体积,计算 I_2 标准溶液的浓度。平行测定三次。

五、数据记录及处理

(略)

六、注意事项

(1)I_2 必须溶解在浓 KI 溶液中,并充分搅拌,使 I_2 完全溶解后,才可用水稀释。

(2)碘溶液见光遇热时浓度会发生变化,故应装在棕色瓶里,并用玻璃塞盖紧,于暗处保存。储存和使用碘溶液时,应避免与橡皮塞、橡皮管等接触。

七、思考题

(1)配制 I_2 溶液时,为什么加 KI 和少量盐酸?

(2)I_2 溶液应装在什么滴定管中? 为什么?

实验 21　直接碘量法测定维生素 C 的含量

一、目的要求

(1)掌握直接碘量法的原理和方法。

(2)了解维生素 C 含量测定的操作步骤。

二、基本原理

I_2 标准溶液可以直接测定一些还原性的物质,如维生素 C,反应在稀酸中进行,维生素 C 分子中的二烯醇基被 I_2 定量地氧化成二酮基:

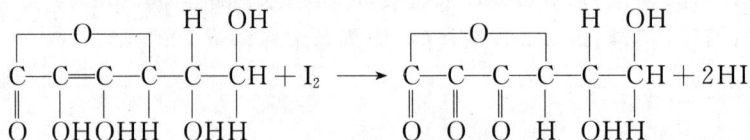

由于维生素 C 的还原性很强,即使在弱酸性条件下,上述反应也进行得相当完全。维生素 C 在空气中极易被氧化,尤其是在碱性条件下更甚,故该反应在稀醋酸介质中进行,以减少维生素 C 的副反应。

计算公式为　　$w_A/(\%) = \dfrac{c_{I_2} V_{I_2} M_{C_6H_8O_6}}{m_s \times 1\,000} \times 100$　　　　$(M_{C_6H_8O_6} = 176.1 \text{ g/mol})$

三、仪器与试剂

(1)分析天平(0.1 mg);25 mL 酸式滴定管(棕色);250 mL 碘量瓶。

(2)0.05 mol/L I_2 标准溶液(同实验 20)。

(3)1% 淀粉指示液(同实验 18);HAc(1:1)。

(4)样品:维生素 C 原料。

四、实验步骤

取维生素 C 样品约 0.2 g,精密称定,置于 250 mL 碘量瓶中,加新煮沸并放冷的蒸馏水 100 mL 与 HAc(1∶1)10 mL 使之溶解后,加 1% 淀粉指示液 1 mL,立即用 I₂ 标准溶液滴定至溶液转为蓝色,30 s 内不褪去,即为终点。记录读数,计算维生素 C 的含量。

五、数据记录及处理

(略)

六、注意事项

(1)在酸性介质中,维生素 C 受空气的氧化速度稍慢,较为稳定,但样品溶解后仍需立即进行滴定。

(2)在有水或潮湿的情况下,维生素 C 易分解。

七、思考题

(1)为什么维生素 C 含量可以用碘量法测定?

(2)滴定维生素 C 时,为什么要加稀 HAc 溶液?

(3)溶解样品时为什么要用新煮沸并放冷的蒸馏水?

实验 22　0.02 mol/L 高锰酸钾标准溶液的配制与标定

一、目的要求

(1)掌握 KMnO₄ 标准溶液的配制方法与保存方法。

(2)掌握用 Na₂C₂O₄ 标定 KMnO₄ 溶液的原理、方法及滴定条件。

二、基本原理

市售 KMnO₄ 试剂常含少量 MnO₂ 及其他杂质,蒸馏水中也常含少量有机物,这些物质都促使 KMnO₄ 还原,因此 KMnO₄ 标准溶液在配制后要进行标定。

配制所需浓度的 KMnO₄ 溶液,在暗处放置 7～10 d,使溶液中还原性杂质与 KMnO₄ 充分作用,将还原产物 MnO₂ 过滤除去,储存于棕色瓶中,密闭保存。

标定 KMnO₄ 溶液常采用 Na₂C₂O₄ 作基准物质,Na₂C₂O₄ 易提纯,性质稳定。其滴定反应式为

$$2MnO_4^- + 5C_2O_4^{2-} + 16H^+ \longrightarrow 2Mn^{2+} + 10CO_2\uparrow + 8H_2O$$

上述反应进行缓慢,开始滴定时加入 KMnO₄ 后不能立即褪色,但一经反应生成 Mn²⁺,Mn²⁺ 对该反应有催化作用,促使反应速度加快,可采用在滴定开始加热溶液,并控制在 70～85 ℃ 进行滴定。利用 KMnO₄ 本身的颜色指示滴定终点。

计算公式为

$$c_{KMnO_4} = \frac{2}{5} \times \frac{m_{Na_2C_2O_4} \times 1\,000}{V_{KMnO_4} M_{Na_2C_2O_4}} \qquad (M_{Na_2C_2O_4} = 134.0 \text{ g/mol})$$

三、仪器与试剂

(1)分析天平(0.1 mg);称量瓶;25 mL 酸式滴定管;250 mL 锥形瓶。

(2)$KMnO_4$(AR);$Na_2C_2O_4$(基准试剂)。

(3)2 mol/L H_2SO_4溶液:取浓硫酸(AR)112 mL,缓慢加入900 mL蒸馏水中,混匀。

四、实验步骤

1.0.02 mol/L $KMnO_4$溶液的配制

称取 $KMnO_4$ 1.8 g,溶于500 mL新煮沸并冷却的蒸馏水中,混匀,置棕色玻璃塞试剂瓶中,于暗处放置7~10 d后,用垂熔玻璃漏斗过滤,存于洁净棕色玻璃瓶中。

2.$KMnO_4$溶液的标定

取于105~110 ℃干燥至恒重的 $Na_2C_2O_4$基准物约0.14 g,精密称定,置于250 mL锥形瓶中,加新煮沸并冷却的蒸馏水约20 mL使之溶解,再加2 mol/L H_2SO_4溶液15 mL,迅速滴加0.02 mol/L $KMnO_4$标准溶液10 mL,加热至75~85 ℃,待褪色后,继续滴定至溶液呈粉红色并保持30 s不褪去,即为终点。平行测定三次。

五、数据记录及处理

(略)

六、注意事项

(1)滴定终了时,溶液温度不应低于55 ℃,否则反应速度较慢,会影响终点观察的准确性。

(2)操作中加热可使反应速度增快,但温度不可超过90 ℃,否则会引起 $Na_2C_2O_4$分解,并且 $KMnO_4$会转变成 MnO_2。

七、思考题

(1)为什么用 H_2SO_4溶液调节酸性?是否可以用 HCl 溶液或 HNO_3溶液?

(2)用 $KMnO_4$配制标准溶液时,应注意些什么问题?为什么?

(3)用 $KMnO_4$溶液滴定时速度如何控制?

实验23　双氧水中过氧化氢的含量测定

一、目的要求

(1)掌握用 $KMnO_4$法测定 H_2O_2含量的方法。

(2)掌握液体样品的取样方法。

(3)进一步掌握 $KMnO_4$法的操作。

二、基本原理

过氧化氢在工业、生物、医药等方面有着广泛的应用,常需测定其含量。市售医用双氧水为3%的过氧化氢溶液。在酸性溶液中,H_2O_2遇氧化性比它更强的氧化剂 $KMnO_4$时将被氧

化成 O_2,测定含量应在 $1\sim2$ mol/L H_2SO_4 溶液中进行。

$$2MnO_4^- + 5H_2O_2 + 6H^+ \longrightarrow 2Mn^{2+} + 5O_2\uparrow + 8H_2O$$

市售 H_2O_2 中常有起稳定作用的少量乙酰苯胺或尿素,它们也具有还原性,妨碍测定,在这种情况下,以采用碘量法为宜。

计算公式为

$$w_{H_2O_2}/(\%) = \frac{5}{2} \times \frac{c_{KMnO_4}V_{KMnO_4}M_{H_2O_2}}{V_s \times 1\,000} \times 100 \qquad (M_{H_2O_2} = 34.02 \text{ g/mol})$$

式中:V_s 为所取试样体积(mL)。

三、仪器与试剂

(1)25 mL 酸式滴定管;250 mL 锥形瓶;吸量管。

(2)0.02 mol/L $KMnO_4$ 标准溶液(同实验 22)。

(3)2 mol/L H_2SO_4 溶液(同实验 22)。

(4)双氧水:3%过氧化氢溶液。

四、实验步骤

精密量取双氧水 1.0 mL,置于装有 20 mL 蒸馏水的锥形瓶中,加入 2 mol/L H_2SO_4 溶液 10 mL,用 0.02 mol/L $KMnO_4$ 标准溶液滴定至溶液呈微红色,即为终点。平行测定三次。

五、数据记录及处理

(略)

六、注意事项

(1)在用 1 mL 吸量管取样时,若所用吸量管上部刻有"吹"字,表明管嘴尖最后一滴也应计量,不可损失。

(2)滴定开始时反应较慢,可在滴定时先快速加入少量 $KMnO_4$,待褪色后,再慢慢滴定。

(3)锥形瓶中应先装蒸馏水再加样品溶液,否则 H_2O_2 易挥发,导致测定结果偏低。

七、思考题

(1)测定 H_2O_2 含量,除用 $KMnO_4$ 法外,还可用什么方法?

(2)用 $KMnO_4$ 法测定 H_2O_2 时,能否用 HNO_3、HCl 或 HAc 来控制酸度? 为什么?

实验 24　沉淀法——硫酸钡法

一、目的要求

(1)掌握沉淀、过滤、洗涤及灼烧等沉淀法的基本操作技术。

(2)了解晶型沉淀的条件。

二、基本原理

1.硫酸盐含量的测定

芒硝的主要成分为硫酸钠,在 HCl 酸性溶液中,以 $BaCl_2$ 作沉淀剂使硫酸盐成 $BaSO_4$ 晶型沉淀析出,经过滤、干燥、灼烧后,称定称量形式 $BaSO_4$ 的质量,从而计算硫酸钠的含量。计算公式为

$$w_{Na_2SO_4}/(\%) = \frac{m_{BaSO_4} \times M_{Na_2SO_4}}{m_s \times M_{BaSO_4}} \times 100 \qquad (M_{Na_2SO_4} = 142.0 \text{ g/mol}; \quad M_{BaSO_4} = 233.4 \text{ g/mol})$$

2.氯化钡含量的测定

将氯化钡试样溶于水后,用稀 HCl 溶液酸化,加热近沸,在不断搅拌下逐滴加入稀 H_2SO_4 溶液。生成的沉淀经陈化、过滤、洗涤后,灼烧或微波干燥,以 $BaSO_4$ 形式称量,即可求得试样中氯化钡或 Ba^{2+} 的质量分数。

$$w_{BaCl_2}/(\%) = \frac{m_{BaSO_4} \times M_{BaCl_2}}{m_s \times M_{BaSO_4}} \times 100 \quad 或 \quad w_{Ba^{2+}}/(\%) = \frac{m_{BaSO_4} \times M_{Ba^{2+}}}{m_s \times M_{BaSO_4}} \times 100$$

三、仪器与试剂

(1)仪器:分析天平、高温炉、水浴锅、称量瓶、坩埚、坩埚钳、烧杯、量筒、玻璃漏斗、漏斗架、玻璃棒、洗瓶。

(2)试剂:芒硝试样(或 $BaCl_2 \cdot 2H_2O$)、5％$BaCl_2$ 溶液(或 1 mol/L H_2SO_4 溶液)、2 mol/L HCl 溶液、$AgNO_3$ 试液、稀硝酸。

四、实验步骤

1.芒硝中 Na_2SO_4 含量的测定

取试样约 0.4 g,精密称定,置于烧杯中,加蒸馏水 200 mL 使之溶解,加 2 mol/L HCl 溶液 2 mL,加热近沸,在不断搅拌下缓慢加入 5％$BaCl_2$ 溶液(约 1 滴/s),直到不再发生沉淀(15～20 mL),放置过夜或置水浴中加热 30 min,静置 1 h(陈化)。用无灰滤纸以倾泻法过滤,将沉淀转移在滤纸上,再用蒸馏水洗涤沉淀直至洗液不再含 Cl^-(用 $AgNO_3$ 的稀 HNO_3 溶液检查)。将沉淀干燥后转入恒重的坩埚中,灰化、灼烧至恒重,精密称定,计算 Na_2SO_4 的含量。

2.氯化钡试样的含量测定

取试样约 0.4 g,精密称定,置于烧杯中,加蒸馏水 100 mL 使之溶解,加入 2 mol/L HCl 溶液 2 mL,加热近沸,另取 1 mol/L H_2SO_4 溶液 4 mL,加水稀释至 50 mL,加热近沸,在不断搅拌下趁热缓慢滴加(开始不能太快,4～5 s 加一滴,后面可稍微加快)到热试样溶液中,待沉淀完毕($BaSO_4$ 沉降后,于上层清液中滴加 1～2 滴稀 H_2SO_4 溶液,仔细观察,若无混浊,表示已沉淀完全)。余下操作同上。

五、思考题

(1)结合实验说明形成晶型沉淀的条件有哪些?
(2)加 2 mL HCl 溶液的作用是什么?
(3)实验中哪个步骤检查沉淀是否完全? 又在哪个步骤检查洗涤是否完全? 为什么?
(4)沉淀进行陈化的作用是什么?

（5）为保证 $BaSO_4$ 沉淀的溶解损失不超过 0.1％，洗涤沉淀用水要控制在多少毫升？

附:重量分析法基本操作

1.沉淀

（1）沉淀的条件　样品溶液的浓度、pH 值、沉淀剂的浓度和用量、沉淀剂加入速率、各种试剂加入次序、沉淀时溶液温度等条件要严格按实验步骤控制。

（2）加沉淀剂　将样品置于烧杯中溶解并稀释到一定浓度，加沉淀剂应沿烧杯内壁或沿玻璃棒加入，小心操作勿使溶液溅出而损失。若需缓缓加入沉淀剂，可用滴管逐滴加入并搅拌。若需在热溶液中进行，最好在水浴中加热。

（3）陈化　沉淀完毕，将烧杯用表面皿盖好，放置过夜或在石棉网上加热近沸 0.5～1 h。

（4）检查沉淀是否完全　沉淀完毕或陈化完毕，沿烧杯壁加入少量沉淀剂，若上清液出现混浊或沉淀，说明沉淀不完全，需补加沉淀剂使沉淀完全。

2.沉淀的过滤及洗涤

1）漏斗及选择

玻璃漏斗用于过滤需进行灼烧的沉淀，可根据滤纸大小选择合适玻璃漏斗，放入的滤纸应比漏斗沿低约 1 cm，不可高出漏斗；微孔玻璃漏斗或微孔玻璃坩埚用于减压抽滤在 180 ℃以下干燥而不需灼烧的沉淀。各种漏斗及过滤装置见图 3-1。玻璃坩埚的规格和用途见表 3-6。

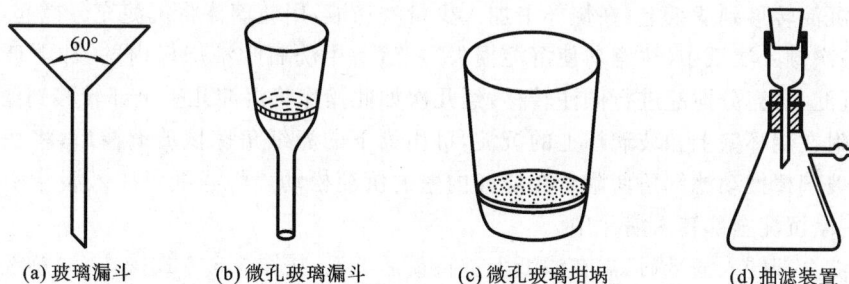

(a) 玻璃漏斗　　　(b) 微孔玻璃漏斗　　　(c) 微孔玻璃坩埚　　　(d) 抽滤装置

图 3-1　各种漏斗及过滤装置

表 3-6　玻璃坩埚的规格和用途

坩埚滤孔编号	滤孔平均大小/μm	用　　途
1	80～120	过滤粗颗粒沉淀
2	40～80	过滤较粗颗粒沉淀
3	15～40	过滤一般晶型沉淀及滤除杂质
4	5～15	过滤细颗粒沉淀
5	2～5	过滤极细颗粒沉淀
6	<2	滤除细菌

玻璃坩埚滤器的底部滤层由玻璃粉烧结而成。玻璃坩埚可用热盐酸或洗液处理并立即用水洗涤，不能用会损坏滤器的氢氟酸、热浓磷酸、热或冷的浓碱液洗涤。

2）滤纸及过滤

质量分析用的滤纸称定量滤纸或无灰滤纸（灰分在 0.1 mg 以下或质量已知），分快速、中速及慢速滤纸,直径有 7 cm、9 cm 及 11 cm 三种,根据沉淀量及沉淀性质选择使用。如微晶型沉淀多用 7 cm 致密滤纸,蓬松的胶状沉淀要用较大的疏松滤纸过滤。滤纸的折叠及安放见图3-2。将折好的滤纸放在洁净漏斗中,用手按紧使之密合,用蒸馏水将滤纸润湿,再用玻璃棒按压滤纸,将留在滤纸与漏斗壁之间的气泡赶出,使滤纸紧贴漏斗壁。过滤通常采用倾注法,操作如图 3-3 所示。先将沉淀倾斜静置,然后将沉淀上部的清液小心倾于滤纸上。

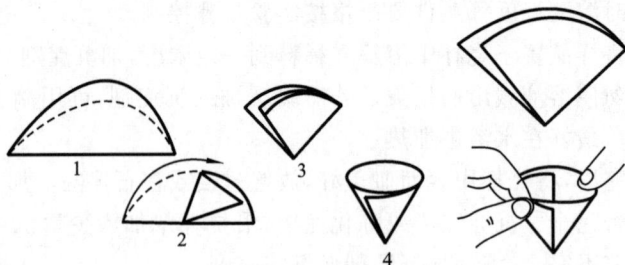

图 3-2　滤纸的折叠及安放

3)沉淀的洗涤及转移

(1)洗涤沉淀一般采用倾注法,按"少量多次"的原则进行。洗涤时,将少量洗涤液(以淹没沉淀为度)注入滤除母液的沉淀中,充分搅拌,静置分层后倾注上清液经滤纸过滤,以上操作需经 3～4 次倾注洗涤。

(2)将沉淀转移到滤纸上:在烧杯中加入少量洗涤液,用玻璃棒将沉淀充分搅起,立即将沉淀混悬液一次倾入滤纸中(注意勿使沉淀损失)。然后用洗瓶吹洗烧杯内壁,冲下玻璃棒和烧杯壁上的沉淀,再充分搅起进行倾注转移,经几次如此操作将沉淀几乎全部转移到滤纸上。最后,对于吸附在烧杯壁上和玻璃棒上的沉淀,可用撕下的滤纸角擦拭玻璃棒后,将滤纸角放入烧杯中,用玻璃棒推动滤纸角使附着在烧杯内壁的沉淀松动。将滤纸角放入漏斗中,按图 3-4 的方式将剩余沉淀全部转入漏斗中。

(3)沉淀全部转入滤纸后,需在滤纸上进行最后洗涤,按图 3-5 方式操作,注意洗涤时应待前次洗涤液流尽后,再加第二次洗涤液。

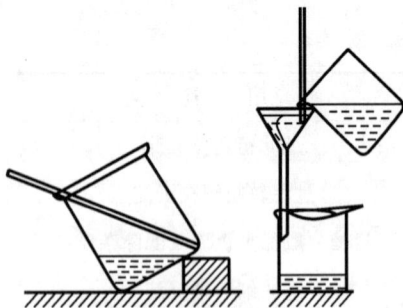

图 3-3　倾斜静置和倾注过滤操作　　图 3-4　沉淀的转移操作　　图 3-5　在滤纸上洗涤沉淀

3. 沉淀的干燥与灼烧

1)坩埚的恒重

将洗净的坩埚带盖放入高温炉中,慢慢升温至灼烧温度,恒温 30 min,打开炉门稍冷后,用微热过的坩埚钳取出放在石棉网上,稍冷后将坩埚移入干燥器中。要用手握住干燥器的盖并不时地将盖微微推开,以放出热空气,然后盖好干燥器,冷却 30 min,取出称量。再将坩埚按上述方法灼烧,冷却称重,直至恒重。

2)沉淀的包卷

用玻璃棒或干净的手指将滤纸三层部分掀起,把滤纸连同沉淀从漏斗中取出,然后打开滤纸,按图 3-6 所示方法包卷。

3)沉淀的干燥

把包好的沉淀放入已恒重的空坩埚中,滤纸三层部分朝上,有沉淀的部分朝下,以利滤纸的灰化。将坩埚与沉淀放入干燥箱中 105 ℃干燥。注意移取坩埚用坩埚钳的摆放(图 3-7)。

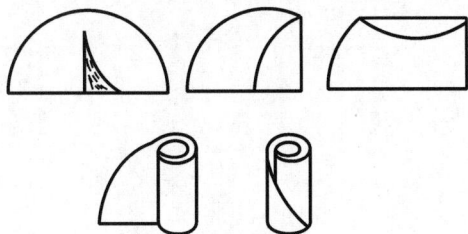

图 3-6 沉淀的包卷

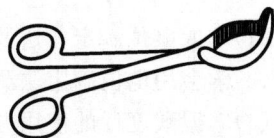

图 3-7 坩埚钳的放置

4)沉淀的炭化、灰化与灼烧

沉淀干燥好后,将坩埚置于电炉上,先于低温使滤纸慢慢炭化(注意不要使滤纸着火燃烧)。待滤纸全部炭化后,可调高温度,将炭黑全部烧掉,直至完全灰化为止。最后将灰化完成的坩埚放入高温炉内灼烧,灼烧时要加盖,防止污染。恒温加热一定时间后,关闭电源,打开炉门,将坩埚移至炉口稍冷,取出后放在石棉网上,在空气中冷却至微热,移入干燥器,冷至室温,称量,直至恒重。

第4章 仪器分析实验

实验1 醋酸的电位滴定

一、目的要求

(1)掌握电位滴定方法及确定终点的方法。

(2)学会用电位滴定法测定弱酸的 pK_a。

(3)掌握酸度计的使用方法。

二、基本原理

电位滴定法是利用滴定过程中电池电动势或指示电极电位的变化特点,来确定终点的方法,可用于酸碱、沉淀、配位、氧化还原及非水等各种滴定。

酸碱电位滴定常用的指示电极为玻璃电极,参比电极为饱和甘汞电极(SCE),用酸度计测定溶液的 pH 值。仪器装置如图 4-1 所示。

电位滴定时,记录滴定剂体积 V 和相应的 pH 值,按滴定曲线(pH-V)、一阶微商曲线 ($\Delta pH/\Delta V$-$\overline{V}$)及二阶微商曲线($\Delta^2 pH/\Delta V^2$-$\overline{V}$)作图法及计算法确定终点,从而计算出醋酸试液的浓度。强碱滴定一元弱酸的电位滴定曲线如图 4-2 所示。

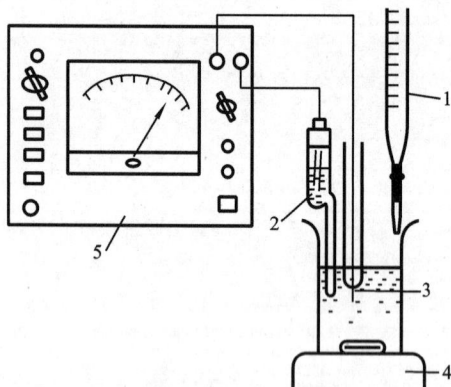

图 4-1　电位滴定仪器装置图

1—滴定管;2—饱和甘汞电极;3—玻璃电极;

4—电磁搅拌器;5—酸度计

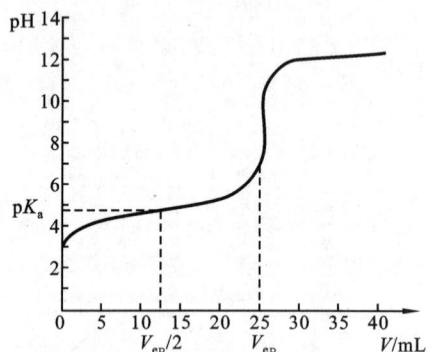

图 4-2　强碱滴定一元弱酸的电位滴定曲线

电位滴定还可以测定弱酸、弱碱的解离常数。例如,弱碱滴定一元弱酸的 pH-V 曲线上,半计量点时溶液的 pH 值即为该弱酸的 pK_a。

因为 $$HA \Longrightarrow H^+ + A^-$$

$$K_a = [H^+][A^-]/[HA]$$

半计量点时,有 $$V = V_{ep}/2, \quad [HA] = [A^-]$$

所以　　　　　　　　　　　$K_a = [H^+]_{V_{ep}/2}, \quad pK_a = pH_{V_{ep}/2}$

三、仪器与试剂

(1)酸度计；玻璃电极和 SCE 或复合 pH 玻璃电极；电磁搅拌器；搅拌磁子。

(2)25 mL 碱式滴定管；20 mL 移液管；100 mL 烧杯。

(3)0.05 mol/L 邻苯二甲酸氢钾标准缓冲液(pH=4.00)。

(4)0.1 mol/L NaOH 标准溶液；0.1 mol/L HAc 溶液；酚酞指示剂。

四、实验步骤

(1)接通电源，仪器预热 15 min。用 0.05 mol/L 邻苯二甲酸氢钾标准缓冲液(pH=4.00)定位(操作方法同酸度计的使用)。

(2)精密移取 0.1 mol/L HAc 溶液 20.00 mL 于 100 mL 烧杯中，放入搅拌磁子，插入电极(若电极未能浸没，可适当加入一些蒸馏水)，加 2 滴酚酞指示剂作为对照，开动电磁搅拌器，测定并记录滴定前 HAc 试液的 pH 值。

(3)用 0.1 mol/L NaOH 标准溶液进行滴定。开始阶段，每加 5 mL，5 mL，2 mL，2 mL，…NaOH 溶液记录一次 pH 值，在接近计量点(加入 NaOH 溶液引起 pH 值变化逐渐增大)时，每次加入体积逐渐减少(1 mL，1 mL，…，0.2 mL，0.2 mL，…，2 滴，2 滴，…)，在计量点前后每加入 2 滴 NaOH 溶液，记录一次 pH 值，继续滴定至计量点后适当量，每次加入体积又可逐渐增大(为方便数据处理，在计量点前后每次加入体积最好相等)。

(4)按 pH-V、$\Delta pH/\Delta V$-$\overline{V}$ 作图法，$\Delta^2 pH/\Delta V^2$-$\overline{V}$ 作图法及计算法确定终点 V_{ep}，计算 HAc 溶液的浓度。

(5)由 pH-V 曲线上找出半计量点时溶液的 pH 值，即为 HAc 的 pK_a。

五、数据记录及处理

完成 HAc 电位滴定的数据记录及处理，填入下表。

No	V/mL	pH	ΔV	ΔpH	$\Delta pH/\Delta V$	$\overline{V}$	$\Delta \overline{V}$	$\Delta(\Delta pH/\Delta V)$	$\Delta^2 pH/\Delta V^2$	$\overline{V}$
1	0.00	2.88								
2	5.00									
3	10.00									
4										
5										
⋮										

六、思考题

(1)如何根据 pH-V、$\Delta pH/\Delta V$-$\overline{V}$、$\Delta^2 pH/\Delta V^2$-$\overline{V}$ 作图法确定终点？如何按 $\Delta^2 pH/\Delta V^2$-$\overline{V}$ 计算法确定终点？

（2）试计算滴定前 HAc 试液的 pH 值，并与实测值对比。

（3）通过实验和数据处理，体会为何计量点前后加入的 NaOH 体积以相等为好？

（4）如何测定弱碱的 pK_b？

实验 2　自来水中氟含量的测定

一、目的要求

（1）加深对电位分析法基本原理的认识和理解。

（2）掌握电位分析法的标准曲线法和标准加入法的基本原理。

二、基本原理

氟离子选择性电极是一种用 LaF_3 单晶作敏感膜（其中掺入 Eu^{2+} 和 Ca^{2+}）的电化学传感器，对溶液中的 F^- 有电位响应。以 Ag/AgCl 电极为内参比电极，0.1 mol/L NaCl-0.001 000 mol/L NaF 溶液为内参比溶液的电位为

$$E_{F^-} = E_{内参} + E_{膜} = k - \frac{RT}{F}\ln a_{F^-} = k - \frac{RT}{F}\ln(f_{F^-} c_{F^-})$$

因此，当控制测定体系的离子强度为一定值时，氟离子选择性电极的电位与氟离子浓度的对数值呈线性关系。

本实验通过测定系列 F^- 的标准溶液的电位，用标准曲线法测定水中的氟离子含量，同时与用标准加入法测定的氟离子含量相比较。标准加入法的计算是将标准加入前后的电位差（ΔE）和实际测定的电极响应斜率 S 代入下述方程：

$$c_{F^-} = \frac{c_s V_s}{V_x + V_s}(10^{\Delta E/S} - 1)^{-1}$$

式中：c_s、V_s 分别为氟离子标准溶液的浓度和体积；c_{F^-}、V_x 分别为试液中氟离子的浓度和体积。

三、仪器与试剂

（1）pHS-2 型酸度计；氟离子选择性电极；饱和甘汞电极；电磁搅拌器。

（2）容量瓶；移液管。

（3）1.0×10^{-3} mol/L 氟离子标准溶液：称取 NaF（AR，于 110 ℃烘 1～2 h）1.050 g 于烧杯中，用去离子水溶解，并全部转移至 250 mL 容量瓶，用去离子水稀释至刻度，储存于聚乙烯瓶中（氟离子浓度为 0.1 mol/L）；精密吸取 1 mL 前述溶液于 100 mL 容量瓶中，用去离子水稀释至刻度，摇匀，备用。

（4）总离子强度调节缓冲液（TISAB）：称取 NaCl（AR）58 g、柠檬酸钠（AR）12 g，溶于 800 mL 去离子水中，加冰醋酸 57 mL，用 500 g/L NaOH 溶液调节 pH 值至 5.0～5.5，冷至室温，用去离子水稀释至 1 000 mL。

四、实验步骤

1. 氟离子选择性电极的准备

接通仪器电源，预热 20 min，校正仪器，调仪器零点。氟离子选择性电极接仪器负极，甘

汞电极接仪器正极。将两电极插入蒸馏水中，开动搅拌器，使电位小于－200 mV（若读数大于－200 mV，则更换蒸馏水，如此反复几次即可达到电极的空白值。若仍不能使电位小于－200 mV，可用金相砂纸轻轻擦拭氟离子选择性电极，继续清洗至－220 mV）。

2. 标准曲线的制作

分别吸取 1.0×10^{-3} mol/L 氟离子标准溶液 0.50 mL、1.00 mL、3.00 mL、5.00 mL、10.00 mL 于 100 mL 容量瓶中，加入 TISAB 20 mL，用去离子水稀释至刻度。将标准系列溶液由低浓度到高浓度依次转入干的聚乙烯烧杯中，将电极插入被测试液。开动搅拌器 5～8 min 后，停止搅拌，读取平衡电位（注意：测定时，需由低浓度到高浓度依次测定）。在半对数坐标纸上作 E-c_{F^-} 图，得标准曲线（或在普通坐标纸上作 E-$\lg c_{F^-}$ 曲线）。

3. 水样的测定

吸取水样 50.00 mL 于 100 mL 容量瓶中，加 TISAB 20 mL，用水稀释至刻度，把溶液全部转入聚乙烯烧杯中，测定 E 值（测定水样之前，需用去离子水洗电极至空白电位－220 mV）。记录水样电位值（E_1）。然后加入 1.0×10^{-3} mol/L 氟离子标准溶液 1.00 mL，同法测出 E_2，计算其差值（$\Delta E = E_2 - E_1$）。

五、数据记录及处理

(1) 在半对数坐标纸上作 E-c_{F^-} 图，绘制标准曲线，求出氟离子选择性电极的响应斜率 S。

(2) 根据所测水样的 E 值从标准工作曲线上查出氟离子浓度，计算水样中氟的浓度（mol/L）。

(3) 根据步骤 3，用标准加入法所得 ΔE 和实际测定的电极响应斜率计算水样中氟的浓度（mol/L）。

六、思考题

(1) 本实验中使用总离子强度调节缓冲液的目的是什么？

(2) 为什么要把氟离子选择性电极的空白值洗至－220 mV？

实验 3　永停滴定法标定碘标准溶液浓度

一、目的要求

(1) 熟悉永停滴定法的原理、操作、终点确定方法。

(2) 掌握永停滴定法标定碘标准溶液浓度的方法。

二、基本原理

永停滴定法是将两支完全相同的铂电极插入待测溶液中，在两电极间外加小电压（10～200 mV），根据可逆电对有电流产生，不可逆电对无电流产生的现象，观察滴定过程中电流变化特征来确定滴定终点的方法。此法装置简单，准确度高，确定终点方法简便。

本实验采用 I_2 溶液滴定 $Na_2S_2O_3$ 溶液，标定碘标准溶液浓度。反应式为

$$I_2 + 2S_2O_3^{2-} \longrightarrow S_4O_6^{2-} + 2I^-$$

化学计量点前，溶液中有 $S_4O_6^{2-}/S_2O_3^{2-}$ 不可逆电对存在，无电解反应发生，化学计量点稍过，溶液中有 I_2/I^- 可逆电对即有电解电流通过两电极，发生电解反应，电流突然增大，并且随

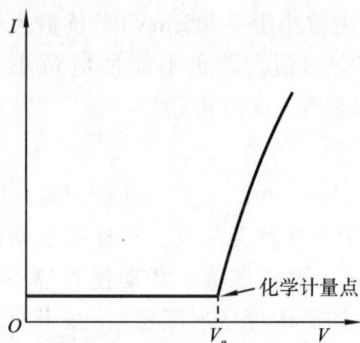

图 4-3　I$_2$ 溶液滴定 Na$_2$S$_2$O$_3$ 溶液的滴定曲线

着 I$_2$/I$^-$ 可逆电对数目的增多,电流也随之增大(图 4-3),因此用 I$_2$ 溶液滴定Na$_2$S$_2$O$_3$溶液时就可以用电流计指针突然偏转很大并且不再回到原位来确定终点。

三、仪器与试剂

(1)永停滴定仪;铂电极;电磁搅拌器;搅拌磁子。

(2)25 mL 酸式滴定管(棕色);20 mL 移液管;100 mL 烧杯。

(3)0.05 mol/L I$_2$待标溶液;0.1 mol/L Na$_2$S$_2$O$_3$标准溶液(同第 3 章实验 18)。

四、实验步骤

(1)安装仪器,打开电源,预热,按要求调节各旋钮。

(2)精密移取 0.1 mol/L Na$_2$S$_2$O$_3$标准溶液 20 mL 于 100 mL 烧杯中,放入搅拌磁子,置于电磁搅拌器上。在溶液中插入两根铂电极,接上永停滴定仪,调电流为零。

(3)在电磁搅拌下,开始用 I$_2$待标溶液滴定,当电流计指针突然偏转很大并且不再回到原位时,即为终点。记录滴定体积,计算 I$_2$待标溶液的浓度。

五、数据记录及处理

(略)

六、注意事项

(1)永停滴定仪的安装与操作参照仪器说明书。

(2)铂电极应完全浸入液面下,但不要触及器皿底部,以免损坏。

七、思考题

(1)本方法与指示剂法相比有何优点?

(2)如果用 Na$_2$S$_2$O$_3$溶液滴定 I$_2$溶液,其电流变化情况如何?终点该如何判断?

实验 4　库仑滴定法测定维生素 C 片中维生素 C 的含量

一、目的要求

(1)了解库仑滴定法的基本原理和永停法确定滴定终点的方法。

(2)掌握 KLT-1 型通用库仑仪的操作方法。

(3)掌握永停库仑滴定法测定维生素 C 含量的基本原理。

二、基本原理

库仑滴定法是用恒电流电解产生滴定剂,在电解池中与被测物质定量反应,实现被测物质测定的一种分析方法。若电解的电流效率为100%,电生滴定剂与被测物质反应完全,且有确定终点的灵敏方法,则所消耗的电量与被测定物质的量成正比,根据法拉第定律可计算出被测物质的含量。

本实验以酸性 KBr 溶液作为辅助电解质,通以恒电流进行电解,使 Br^- 在铂阳极上氧化为 Br_2(电生滴定剂)。阳极:$2Br^- \longrightarrow Br_2 + 2e^-$;阴极:$2H^+ + 2e^- \longrightarrow H_2$。电解产生的 Br_2 与维生素 C 发生氧化还原反应,反应式为

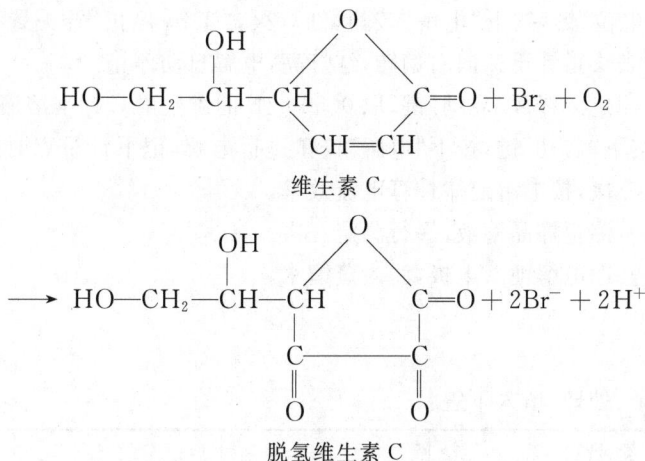

$$HO-CH_2-\underset{OH}{CH}-CH \overset{O}{\diamondsuit} C=O + Br_2 + O_2$$

维生素 C

$$\longrightarrow HO-CH_2-\underset{OH}{CH}-CH \overset{O}{\diamondsuit} \underset{\overset{\|}{O}}{C}=O + 2Br^- + 2H^+$$

脱氢维生素 C

此反应快速、定量,因此可通过电生 Br_2,用库仑滴定法测定维生素 C 含量。以双铂电极电流法指示滴定终点,在双铂指示电极间加小的极化电压(约 150 mV),因为维生素 C 和脱氢维生素 C 为不可逆电对,Br_2/Br^- 为可逆电对,在计量点前,溶液中没有过量的 Br_2 存在,指示电极上几乎没有极化现象,只有极微小的残余电流通过,到达并超过计量点时,溶液中有过量的 Br_2,指示电极的电流迅速增大,此信号经过微电流放大器放大,然后经微分电路输出一脉冲信号触发电路,再推动开关执行电路自动关断电解回路,指示滴定终点。

本实验根据法拉第定律计算维生素 C 标准溶液的浓度,并根据标准溶液的实际浓度计算电流效率,然后根据样品的测量值和电流效率,计算出样品中的含量。

电流效率计算式为

$$\eta = \frac{c_{标准}}{c_{测量}}$$

三、仪器与试剂

(1)KLT-1 型通用库仑仪(附铂金电极电解池);电磁搅拌器;容量瓶;移液管。

(2)电解液:1∶2 HAc 溶液与 0.5 mol/L KBr 溶液等体积混合。

(3)0.50 g/L 维生素 C 标准溶液:取维生素 C 对照品约 0.50 g,精密称定,置于 100 mL 容量瓶,用二次蒸馏水溶解并定容;精密量取 10 mL 前述溶液于 100 mL 容量瓶中,用二次蒸馏水稀释并定容,摇匀。

(4)维生素 C 片试样溶液:取已研碎的维生素 C 片(相当于一片),精密称定,置于 100 mL 烧杯中,用二次蒸馏水溶解后全部转移至 250 mL 容量瓶中,定容,备用。

四、实验步骤

(1)按仪器使用说明打开电源开关,预热 20～30 min。

(2)量取电解液 50 mL 于电解池中,放入搅拌磁子,用滴管取电解液滴入工作阴极套管

内,使其高出外部液面。将清洁的电极插入溶液,把电解池放在电磁搅拌器上固定,开启搅拌器,调节适当的转速。

(3)将"量程选择"旋钮旋到 10 mA,"电流微调"旋钮顺时针旋到最大位置,"工作选择"揿下"电流"键(指示电极应夹到两个铂片指示电极上),"滴定终点曲线变化"选择"上升"键,然后按下"启动"键,调节"极化电位"旋钮,按下"极化电位"有锁键,使表头指示极化电位为 150 mV,释放"极化电位"键,按下"电解"按钮,红灯灭,"工作-停止"开关置于"工作",进行预电解,电解到终点时表头指针迅速向右偏转,红灯亮,电解自动停止。

(4)电流效率的测定。释放"启动"键,取 0.50 g/L 的维生素 C 标准溶液 1.00 mL,滴入电解池中,插好电极,按下"启动"键,按下"电解"按钮进行电解,记下计量点时所消耗的电量(毫库仑数)。重复测定三次,按电解定律计算电流效率。

(5)重复步骤(4),测定样品溶液,平行测定三次。

(6)实验结束后洗净电解池及电极,注入蒸馏水。

五、数据记录及处理

将实验数据记录、处理,填入下表:

实　验　编　号		1	2	3
维生素 C 标准溶液	$m_{纸}$/g			
	$m_{纸+标}$/g			
	$m_{标}$/g			
	Q/mC			
	η			
	$\bar{\eta}$			
维生素 C 片样品	$m_{纸}$/g			
	$m_{纸+样}$/g			
	$m_{样}$/g			
	Q/mC			
	w/(%)			
	$\bar{w}$/(%)			
相对偏差/(%)				
相对平均偏差/(%)				

(1)根据法拉第定律计算维生素 C 标准溶液的浓度(mol/L),并根据标准溶液的实际浓度计算电流效率。

(2)根据法拉第定律计算维生素 C 片中维生素 C 含量,以 mg/片计,并与标示量比较。

六、注意事项

(1)若电解池中溶液过多,可倒去部分溶液后继续使用。

(2)在仪器使用过程中,拿出电极头或松开电极夹时必须先释放"启动"键。

七、思考题

(1)写出工作电极和辅助电极上的电极反应式。

(2)库仑滴定过程中 Br^- 不断再生,那么是否可以用极少量的 KBr?

实验 5　分光光度计的使用与性能检验

一、目的要求

(1)掌握分光光度计的性能检验方法。

(2)熟悉分光光度计的使用。

二、基本原理

(1)分光光度计的性能好坏直接影响到测定结果的准确性,因此新购仪器及使用一定时间后,均需进行检验调整。

(2)由于温度变化对机械部分的影响,仪器的工作波长经常略有变动,应定期对所用的仪器进行全面校正检定。可以通过检查标准物质吸光度检定吸光度准确度,如 1.0×10^{-4} mol/L 重铬酸钾的硫酸溶液,在规定的波长处测定吸光度,计算其百分吸光系数,与规定值(表 4-1)的相对偏差应在 $\pm 1\%$ 以内。

表 4-1　1.0×10^{-4} mol/L 重铬酸钾的硫酸溶液在规定波长处的百分吸光系数

波长/nm	235(最小)	257(最大)	313(最小)	350(最大)
百分吸光系数($E_{1 cm}^{1\%}$)	124.5	144.0	48.62	106.6

(3)同种厚度的比色皿,由于材料及工艺等原因,透光率往往不一致,从而影响测定结果,故在使用时需加以选择配对,要求透光率之差小于 0.5%。

三、仪器与试剂

(1)紫外-可见分光光度计或可见分光光度计;比色皿(1 cm)。

(2)0.001 6 mol/L $K_2Cr_2O_7$ 溶液:称取 K_2CrO_7 0.96 g,用蒸馏水溶解并稀释至 1 000 mL,摇匀。

(3)2.0×10^{-4} mol/L $K_2Cr_2O_7$ 的硫酸溶液:取在 120 ℃干燥至恒重的基准 K_2CrO_7 约 60 mg,精密称定,置于 1 000 mL 容量瓶中,用 0.005 mol/L 硫酸溶液溶解并稀释至刻度,摇匀。

四、实验步骤

(1)比色皿的配对性　将 0.001 6 mol/L $K_2Cr_2O_7$ 溶液分别注入厚度相同的 4 个比色皿中,以其中任一个比色皿的溶液为空白,在 440 nm 波长处分别测定其他各比色皿中溶液的透光率,选择透光率之差小于 0.5% 的比色皿使用。

(2)重现性　以蒸馏水的透光率为 100%,对 0.001 6 mol/L $K_2Cr_2O_7$ 溶液连续测定 7 次,求出极差,仪器在同一工作条件下,用同种溶液连续测定 7 次,其透光率最大读数与最小读数之差(极差)如小于 0.5%,则符合要求。

（3）波长精度的检查　取 2.0×10^{-4} mol/L $K_2Cr_2O_7$ 的硫酸溶液,在 350 nm 波长处测定吸光度,并计算其百分吸光系数,与规定的百分吸光系数 106.6 相比较,如相对误差在 ±1% 以内,则符合要求。

五、注意事项

（1）认真预习仪器使用方法及使用注意事项。

（2）操作比色皿拉杆时不转动拉杆,并注意拉的节奏,不可粗暴操作。

（3）使用比色皿时,应注意光面外壁不能有指印或污物,所加溶液不宜太满,一般占其容积的 2/3~3/4,比色皿每次使用完毕后,应立即用蒸馏水洗净,用吸水纸揩干,存于比色皿盒内。

（4）仪器使用完毕,注意将干燥剂归位,做好使用登记。

六、思考题

（1）同种比色皿透光度的差异对测定有何影响?

（2）检查分光光度计的波长精度及重现性对测定有什么实际意义?

（3）使用分光光度计时,应注意哪些问题?

实验 6　标准曲线法测定高锰酸钾含量

一、目的要求

（1）掌握标准曲线法测定含量的方法。

（2）掌握紫外-可见分光光度计的操作方法。

二、基本原理

根据朗伯-比尔定律,当平行单色光通过均一稀溶液时,吸光度(A)与吸光物质的浓度 c 和厚度 l 成正比,即

$$A = Ecl$$

当被测物质、测定波长、比色皿厚度、溶剂、仪器条件固定不变时,吸光度与浓度成正比,即

$$A = Kc$$

三、仪器与试剂

（1）紫外-可见分光光度计;比色皿(1 cm)。

（2）1 000 mL 容量瓶;50 mL 容量瓶(7 个);吸量管;烧杯;分析天平。

（3）高锰酸钾标准品;高锰酸钾试样。

四、实验步骤

1.储备液的制备

取干燥至恒重的高锰酸钾标准品约 0.6 g,精密称定,置于 1 000 mL 容量瓶中,用蒸馏水稀释至刻度,摇匀,即得浓度为 0.6 mg/mL 的高锰酸钾储备液。

2.标准曲线的制作

精密吸取 0.6 mg/mL 高锰酸钾储备液 0 mL、1.0 mL、2.0 mL、3.0 mL、4.0 mL、5.0 mL,分别置于 50 mL 容量瓶中,用蒸馏水稀释至刻度,摇匀,即得浓度分别为 0 mg/mL、0.012 mg/mL、0.024 mg/mL、0.036 mg/mL、0.048 mg/mL、0.060 mg/mL 的高锰酸钾标准溶液。以第一个容量瓶中的溶液为空白,用分光光度计在 525 nm 波长处测定各瓶溶液的吸光度 A。以吸光度 A 为纵坐标,浓度 c 为横坐标,绘制标准曲线或计算回归方程。

3.试样测定

取高锰酸钾试样约 0.6 g,精密称定,置于小烧杯内,加少量蒸馏水使之溶解,完全转移至 1 000 mL 容量瓶中,用蒸馏水稀释至刻度,摇匀。精密移取该溶液 3.00 mL,置于 50 mL 容量瓶中,用蒸馏水稀释至刻度,摇匀。用分光光度计在 525 nm 波长处测定其吸光度,从标准曲线上读出或由回归方程计算出被测溶液中 $KMnO_4$ 的浓度,进而求出高锰酸钾试样中 $KMnO_4$ 的质量分数。

$$w_{KMnO_4}/(\%) = \frac{\text{标准曲线上读出的浓度(mg/mL)} \times \frac{50.00}{3.00}}{\text{取样量(g)}} \times 100$$

五、注意事项

(1)配制标准溶液是本实验的关键步骤,操作时应规范认真,确保标准溶液配制准确。

(2)用分光光度计进行测定之前,应检查比色皿的配对性,即在测量波长 525 nm 处比较各比色皿的透光率,相差应不超过 0.5%。若差异显著,则以透光率最大的比色皿作为参比(透光率为 100%),测得其余各比色皿的吸光度,作为校正值。测定溶液时,测得的被测溶液吸光度应减去相应的校正值。

六、思考题

(1)标准曲线法适用于何种情况?

(2)根据所得的实验结果,本实验能否采用标准对照法?

实验 7　标准曲线法测定芦丁含量

一、目的要求

(1)掌握显色反应的操作方法。

(2)掌握标准曲线法测定含量的方法。

二、基本原理

显色反应需要具备良好的重现性与灵敏性,因此必须控制反应的条件,包括溶剂种类、试剂用量、溶液酸碱度、反应时间和比色时间等。芦丁为黄酮苷,能与 Al^{3+} 生成黄色配合物,在 $NaNO_2$ 的碱性溶液中呈红色,在 510 nm 波长处有最大吸收峰。因此可通过显色反应,用分光光度法测定芦丁含量,但应注意控制反应时间、比色时间以及试剂用量。

显色反应的定量分析方法一般采用标准曲线法。

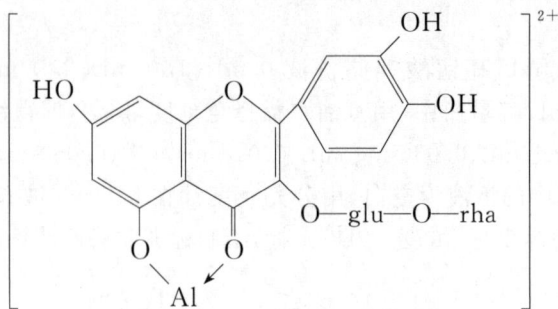

黄酮苷与 Al^{3+} 生成的黄色配合物

三、仪器与试剂

(1)紫外-可见分光光度计;比色皿(1 cm);容量瓶;移液管;吸量管。

(2)0.1 g/L 芦丁对照品溶液:精密称取在 120 ℃减压干燥至恒重的芦丁对照品 10 mg,置于 100 mL 容量瓶中,加乙醇 70 mL,超声溶解,静置冷却,加水至刻度,摇匀。

(3)30%乙醇溶液;5%亚硝酸钠溶液;10%硝酸铝溶液;1 mol/L 氢氧化钠溶液。

(4)芦丁样品(约 0.1 g/L)。

四、实验步骤

1.比色皿的校核

将四个比色皿编号,装上空白溶液,在 510 nm 波长处比较各比色皿的透光率(相互之间不应超过 0.5%)。若有显著差异,则将比色皿重新洗涤后再装空白溶液测试(可多次洗涤,使透光率一致)。若难以通过洗涤校正,则设定透光率最大的比色皿为 100%透光率,测定其余各比色皿的透光率,分别以吸光度方式显示,作为各比色皿的校正值。测定溶液时,以上述透光率最大的比色皿为空白,用其他各比色皿装测定溶液,测得的吸光度减去其相应的校正值。

2.标准曲线的制作

精密吸取 0.1 g/L 芦丁对照品溶液 0 mL、1.0 mL、2.0 mL、3.0 mL、4.0 mL、5.0 mL,分别置于 10 mL 容量瓶中,各加 30%乙醇溶液至体积为 5.0 mL,各加入 5%亚硝酸钠溶液 0.3 mL,充分摇匀,5 min 后各精密加入 10%硝酸铝溶液 0.3 mL,充分摇匀,5 min 后各加 1 mol/L 氢氧化钠溶液 4.0 mL,用蒸馏水稀释至刻度,充分摇匀制得浓度分别为 0 g/L、0.01 g/L、0.02 g/L、0.03 g/L、0.04 g/L、0.05 g/L 的芦丁标准溶液。5 min 后以第一瓶为空白,用分光光度计在 510 nm 波长下测定各瓶的吸光度 A。以芦丁标准溶液的浓度 ρ(g/L)为横坐标,测得的吸光度 A 为纵坐标,绘制标准曲线或计算回归方程。

3.样品测定

精密吸取芦丁样品溶液 3.0 mL,置于 10 mL 容量瓶中,按"标准曲线的制作"项下相应的方法操作,直至测定出样品的吸光度 A。从标准曲线上读出或由回归方程计算出测定液浓度 ρ_x(g/L),并进一步求算样品溶液中芦丁的浓度 ρ_s(g/L),计算公式为

$$\rho_s = \frac{10.0}{3.0} \times \rho_x$$

五、注意事项

(1)如测定时室温低,芦丁有析出现象,可微热使其溶解。

(2)本显色反应为配位反应,反应较慢,故每加入一种试剂后应充分振摇,以利于反应完全,并且加入各种试剂的顺序应按操作方法进行。

六、思考题

(1)影响显色反应的因素有哪些?
(2)试述标准曲线法的优点。
(3)指出本实验所加各试剂的作用。

实验 8　维生素 B_{12} 的鉴别与注射液含量测定

一、目的要求

(1)巩固紫外-可见分光光度计的操作。
(2)巩固吸收曲线的绘制及测量波长选择的方法。
(3)巩固紫外-可见分光光度法在定性、定量分析中的应用。
(4)掌握吸光系数法测定含量以及标示量百分含量的计算方法。

二、基本原理

维生素 B_{12} 是一类含钴的卟啉类化合物,其水溶液在(278 ± 1)nm、(361 ± 1)nm 与(550 ± 1)nm 波长处有最大吸收峰。现行版《中国药典》维生素 B_{12} 的鉴别项规定为:$A_{361\,nm}/A_{278\,nm}$ 应为 $1.70\sim1.88$;$A_{361\,nm}/A_{550\,nm}$ 应为 $3.15\sim3.45$。含量测定项:已知百分吸光系数 $E_{1\,cm}^{1\%}$(361 nm) 为 207,由百分吸光系数定义,可得

$$c_{样}/(\mu g/mL)=c_{测}D=\frac{A_{测}}{lE_{1\,cm}^{1\%}}\times D\times10^4$$

式中:D 为稀释倍数。

$$标示量百分含量/(\%)=\frac{c_{样}}{标示量}\times100$$

维生素 B_{12} 注射液规格常见的有 100 $\mu g/mL$,合格品的标示量百分含量为 90.0%～110.0%。

三、仪器与试剂

(1)紫外-可见分光光度计;石英比色皿(1 cm);分析天平(0.01 mg);移液管;容量瓶。
(2)乙醇(AR)。
(3)维生素 B_{12} 原料药;维生素 B_{12} 注射液(标示量 100 $\mu g/mL$)。

四、实验步骤

1.溶液制备

(1)维生素 B_{12} 原料药溶液　取维生素 B_{12} 原料药 10 mg,精密称定,置于 100 mL 容量瓶中,加蒸馏水至刻度,摇匀,精密量取 3 mL,置于 10 mL 容量瓶中,加蒸馏水至刻度,摇匀。
(2)维生素 B_{12} 注射液溶液　精密量取维生素 B_{12} 注射液(标示量 100 $\mu g/mL$)3 mL,置于

10 mL 容量瓶,加蒸馏水至刻度,摇匀。

2.测定

(1)开机、预热　按仪器说明书操作,设置仪器参数。

(2)校核比色皿　参见本章实验7。

(3)绘制吸收曲线并选择测量波长　以蒸馏水为参比溶液,以维生素 B_{12} 原料药溶液为测定液,在 330~390 nm,先每隔 10 nm 测定一次吸光度(A),找到波峰和波谷。在波峰附近,每隔 2 nm 测定一次,读取并记录溶液的吸光度(A)。以波长为横坐标,吸光度(A)为纵坐标,绘制维生素 B_{12} 的部分吸收曲线。以吸收曲线上的最大吸收波长(λ_{max})作为测定波长。(或在 200~760 nm 进行光谱扫描,选择吸收曲线的最大吸收波长(λ_{max})作为测量波长。)

(4)百分吸光系数 $E_{1\,cm}^{1\%}(\lambda_{max})$　以蒸馏水作为参比溶液,在 λ_{max} 处测定维生素 B_{12} 原料药溶液的吸光度(注:如比色皿不配对,需测定 λ_{max} 处的校正值),根据朗伯-比尔定律计算 $E_{1\,cm}^{1\%}(\lambda_{max})$,并与药典值比较。

(5)定性鉴别　以蒸馏水作为参比溶液,在 278 nm、361 nm 与 550 nm 波长处分别测定维生素 B_{12} 原料药溶液的吸光度(注:如比色皿不配对,需分别测定 278 nm、361 nm 和 550 nm 处的校正值(A_0),将测得的吸光度 A 减去相应波长处的校正值 A_0,得到该波长处的实际吸光度 A_i),求比值,按要求进行判断。

(6)含量测定　以蒸馏水为参比溶液,在 λ_{max} 处测定维生素 B_{12} 注射液溶液的吸光度(若不配对,减去相应的校正值(A_0)),依据 $E_{1\,cm}^{1\%}(\lambda_{max})$ 计算溶液浓度,并计算注射液的标示量百分含量,按要求进行判断;同时采用药典值计算并比较。

3.仪器复原

实验完毕,关机,将仪器归位,进行使用登记;清洗比色皿与容量瓶等。

五、数据记录及处理

(1)维生素 B_{12} 吸收曲线($T_{水}=100\%$)。

λ/nm	330	340	350	360	370	380	390
A							
λ/nm	355	357	359	361	363	365	367
A							

以波长(λ)为横坐标,吸光度(A)为纵坐标,绘制吸收曲线;$\lambda_{max}=$ _____ nm。

(2)维生素 B_{12} 定性鉴别。

λ	278 nm	361 nm	550 nm		
A_0					
A					
A_i				规定值	结论
$A_{361\,nm}/A_{278\,nm}$		—		1.70~1.88	
$A_{361\,nm}/A_{550\,nm}$		—		3.15~3.45	

(3)维生素 B_{12} 含量测定。

A_0	A	A_i	$c_{样}$/(μg/mL)	标示量百分含量/(%)	规定值	结论
					90.0%～110.0%	

六、注意事项

(1)绘制吸收曲线时,应由小到大调整测定波长,以防空回引起测定误差。

(2)每变动一次波长,均需对空白溶液调吸光度为 0(透光率为 100%)。

七、思考题

(1)试比较用标准曲线法与吸光系数法定量的优缺点。

(2)试述百分吸光系数与摩尔吸光系数的物理意义。将本实验中的百分吸光系数换算成摩尔吸光系数($M_{C_{63}H_{88}CoN_{14}O_{14}P}$ = 1355.38 g/mol)。

实验 9　邻二氮菲法测定水中微量铁

一、目的要求

(1)了解邻二氮菲测定 Fe^{2+} 的原理和方法。

(2)熟悉分光光度计的使用方法。

(3)掌握用标准曲线法进行定量测定的原理及方法。

二、基本原理

分光光度法测定微量铁含量所用显色剂较多,有邻二氮菲(又称邻菲啰啉、菲饶林)及其衍生物、磺基水杨酸、硫氰酸盐、5-BrPADAP 等。其中邻二氮菲分光光度法因灵敏度高、稳定性好、干扰少而较常用。

在 pH 值为 2～9 的溶液中,Fe^{2+} 与邻二氮菲生成稳定的红色配合物。

配合物的 $\lg\beta_3$ = 21.3,$\varepsilon_{510\ nm}$ = 1.11×10^4 L/(mol·cm)。并且,当铁以 Fe^{3+} 形式存在于溶液时,可加入盐酸羟胺或对苯二酚等将其还原为 Fe^{2+}。

$$2Fe^{3+} + 2NH_2OH \cdot HCl \longrightarrow 2Fe^{2+} + N_2\uparrow + 2H_2O + 4H^+ + 2Cl^-$$

其他离子,如 Cu^{2+}、Co^{2+}、Ni^{2+}、Cd^{2+}、Hg^{2+}、Zn^{2+} 等存在时,在量少的情况下不影响测定,在量大时可用 EDTA 掩蔽或预先分离。

三、仪器与试剂

(1)紫外-可见分光光度计;比色皿(1 cm)。

(2)分析天平;容量瓶;移液管;吸量管;量杯;烧杯。

(3)$NH_4Fe(SO_4)_2 \cdot 12H_2O(AR)$。

(4)0.15%邻二氮菲水溶液(临用新配)。

(5)10%盐酸羟胺水溶液(临用新配)。

(6)100 mg/L 铁标准溶液:取 $NH_4Fe(SO_4)_2 \cdot 12H_2O(AR)$ 约 0.86 g,精密称定,置于 250 mL 烧杯中,加入 6 mol/L HCl 溶液 20 mL 和少量蒸馏水,溶解并全部转移至 1 000 mL 容量瓶中,加水稀释至刻度,摇匀。

(7)1 mol/L NaAc 溶液;6 mol/L HCl 溶液;1 mol/L NaOH 溶液。

(8)试样:自来水、井水或河水。

四、实验步骤

1.标准曲线的制作

(1)溶液显色 精密量取 100 mg/L 铁标准溶液 10 mL 于 100 mL 容量瓶中,加入 6 mol/L HCl 溶液 2 mL,加水稀释至刻度,摇匀,得 Fe^{3+} 浓度为 10 $\mu g/mL$ 的溶液。分别精密量取该铁溶液 0 mL、2.0 mL、4.0 mL、6.0 mL、8.0 mL、10.0 mL 于 50 mL 容量瓶中,加入 10%盐酸羟胺水溶液 1 mL,摇匀,依次加入 0.15%邻二氮菲水溶液 2 mL,1 mol/L NaAc 溶液 5 mL,用蒸馏水稀释至刻度,摇匀,放置 10 min。

(2)选择测量波长 以第一份溶液为参比,在 495～515 nm 处,每隔 2 nm 波长测定第四份溶液的吸光度,选择吸光度最大处对应的波长作为测量波长。

(3)吸光度测定 在测量波长处依次测定每份溶液的吸光度 A。

(4)绘制曲线 以测得的各溶液的吸光度 A 为纵坐标,浓度 c(或含铁量)为横坐标,绘制标准曲线(也可用最小二乘法回归成线性方程)。

2.水样的测定

精密量取澄清水样 5 mL(或适量,相当于含铁 0.15 mg),置于 50 mL 容量瓶中。照"标准曲线的制作"项下的显色方法,制备样品溶液,并测定吸光度,根据标准曲线(或回归方程)求出水中总铁含量。

五、注意事项

(1)注意比色皿的配对并遵守平行原则。

(2)在测定标准系列各溶液吸光度时,要从稀溶液至浓溶液依次进行测定。

(3)显色时,若酸度过高(pH<2),显色缓慢而色浅;若酸度过低,Fe^{2+} 易水解。

六、思考题

(1)根据邻二氮菲亚铁配离子的吸收光谱,其 λ_{max} 为 510 nm。本次实验中实际测得的最大吸收波长是多少? 若有差别,试作解释。

(2)根据制作标准曲线测得的数据,判断本次实验所得浓度与吸光度间线性关系的好坏,并分析其原因。

(3)根据实验数据计算邻二氮菲亚铁配离子在最大吸收波长处的摩尔吸光系数,若与文献值差别较大,试作解释。

(4)若比色皿不完全配对,该如何处理?

实验 10　邻二氮菲分光光度法测定铁条件试验

一、目的要求

(1)掌握可见分光光度法的操作。

(2)了解分光光度法实验条件的选择。

二、基本原理

邻二氮菲法测定微量铁的原理见本章实验 9。显色反应的实验条件包括显色剂的浓度、有色溶液的稳定性、溶液的酸度等,此外还要研究干扰物质的影响、反应温度、测定范围、方法适用范围等,需经过试验,最终确定实验条件。

三、仪器与试剂

(1)紫外-可见分光光度计或可见分光光度计;比色皿(1 cm)。

(2)酸度计;容量瓶;吸量管;烧杯;量杯。

(3)$NH_4Fe(SO_4)_2 \cdot 12H_2O(AR)$。

(4)铁标准溶液:取 $NH_4Fe(SO_4)_2 \cdot 12H_2O$ 约 0.43 g,精密称定,置于 250 mL 烧杯中,加入 6 mol/L HCl 溶液 80 mL 和少量水,溶解后,全部转移至 1 000 mL 容量瓶中,用蒸馏水稀释至刻度,摇匀。

(5)0.15%邻二氮菲水溶液(临用新配):先用少许乙醇溶解,再用水稀释。

(6)10%盐酸羟胺水溶液(临用新配)。

(7)1 mol/L 醋酸钠溶液;6 mol/L HCl 溶液;1 mol/L NaOH 溶液。

四、实验步骤

1.显色剂浓度的影响

精密量取铁标准溶液 2 mL 8 份,分别置于 8 个 50 mL 容量瓶中,各加入 10%盐酸羟胺水溶液 1 mL,摇匀,分别加入 0.15%邻二氮菲水溶液 0 mL、0.1 mL、0.3 mL、0.6 mL、1.0 mL、1.5 mL、2.0 mL、4.0 mL,各加入 1 mol/L 醋酸钠溶液 5 mL,以水稀释至刻度,摇匀。放置 10 min 后,以不加显色剂的溶液为参比溶液,用 1 cm 比色皿,在 510 nm 波长处,测定各溶液的吸光度 A,以吸光度 A 为纵坐标,以显色剂体积为横坐标,绘制吸光度-显色剂体积曲线,从而确定应加入的显色剂的体积。

2.显色溶液的稳定性

取上述第七份溶液在放置 5 min、10 min、30 min、1 h、2 h 后,分别在 510 nm 波长下,用 1 cm 比色皿,以不加显色剂的溶液为参比溶液,测相应的吸光度 A,以吸光度 A 为纵坐标,以时间为横坐标,绘制吸光度-时间曲线,观察反应溶液的稳定性,从而确定显色溶液的测定时间范围。

3.溶液 pH 值的影响

精密量取铁标准溶液 2 mL 8 份,分别置于 8 个 50 mL 容量瓶中,各加入 10%盐酸羟胺水溶液 1 mL,摇匀,加入 0.15%邻二氮菲水溶液 2 mL,分别加入 1 mol/L NaOH 溶液 0 mL、

0.2 mL、0.5 mL、1.0 mL、1.5 mL、2.0 mL、2.5 mL、3.0 mL，以水稀释至刻度，摇匀。放置10 min后，以不加显色剂的溶液为参比溶液，用1 cm比色皿，在510 nm波长处，测定各溶液的吸光度A，并分别测定各溶液的pH值。以吸光度A为纵坐标，以溶液pH值为横坐标，绘制吸光度-pH曲线，从而确定显色反应适宜的酸度范围。

五、注意事项

(1)溶液稳定性实验时间较长，期间可合理安排其他实验内容。

(2)实验过程中注意平行原则。

实验11　紫外吸收光谱法测定蒽醌的含量和摩尔吸光系数

一、目的要求

(1)掌握紫外-可见分光光度计的工作原理及使用方法。

(2)掌握紫外-可见分光光度计扫描紫外吸收光谱及选择定量测定波长的方法。

(3)掌握紫外-可见分光光度法的定量分析方法及蒽醌摩尔吸光系数的测定方法。

二、基本原理

根据朗伯-比尔(L-B)定律，进行紫外-可见分光光度法定量分析，须选择合适的测定波长。为保证分析方法的灵敏度，一般选择最强吸收峰的最大吸收波长。若最强吸收峰有干扰，则可选择吸收峰较为平坦且无干扰的次强吸收峰的最大吸收波长作为测定波长。

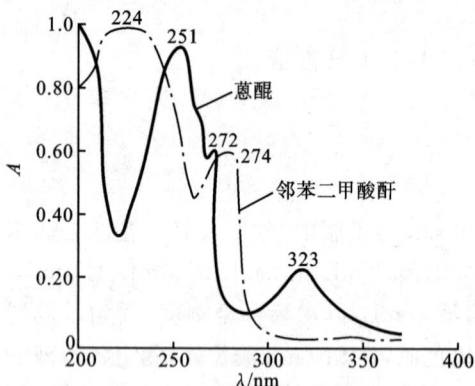

图4-4　蒽醌和邻苯二甲酸酐的甲醇溶液的紫外吸收光谱

蒽醌在251 nm、323 nm波长处分别有强吸收峰($\varepsilon_{max}=4.6\times10^4$ L/(mol·cm))和中强吸收峰($\varepsilon'_{max}=4.7\times10^3$ L/(mol·cm))；在蒽醌试样中含有邻苯二甲酸酐，虽然蒽醌分子结构的双键共轭体系大于邻苯二甲酸酐，其吸收峰红移比邻苯二甲酸酐大，且两者的吸收峰形状及其最大吸收波长均有不同(图4-4)，但在251 nm波长处邻苯二甲酸酐对蒽醌有干扰，因此选择323 nm作为定量分析蒽醌的测定波长。甲醇在250~350 nm波长范围无干扰，可用作参比溶液。

紫外-可见分光光度法的定量方法有标准曲线法(或称工作曲线法)、吸光系数法和对照法等，本实验采用标准曲线法测定试样中蒽醌的含量。

摩尔吸光系数不仅可以用于吸光系数法计算样品溶液的物质的量浓度，而且是衡量光度定量分析方法灵敏度的重要指标，可通过求标准曲线的斜率求得。

三、仪器与试剂

(1)紫外-可见分光光度计；石英比色皿(1 cm，带盖)；容量瓶；移液管。

(2)蒽醌(AR);邻苯二甲酸酐(AR);甲醇(AR)。

(3)0.050 g/L 蒽醌储备液:取蒽醌(AR)约 0.10 g,精密称定,置于 100 mL 容量瓶中,用甲醇溶解并稀释至刻度,摇匀;精密吸取 5 mL 该液于 100 mL 容量瓶中,用甲醇稀释至刻度,摇匀,备用。

(4)0.1 g/L 邻苯二甲酸酐溶液:称取邻苯二甲酸酐(AR)0.10 g,用甲醇溶解并稀释至 100 mL,量取 10 mL,用甲醇稀释至 100 mL,摇匀,备用。

(5)样品:蒽醌试液。

四、实验步骤

1.蒽醌系列标准溶液的配制

分别精密吸取 0.050 g/L 蒽醌储备液 1.0 mL、2.0 mL、4.0 mL、6.0 mL、8.0 mL 于 10 mL 容量瓶中,用甲醇定容,摇匀,备用。

2.吸收光谱

用系列标准溶液第五瓶,以甲醇为参比溶液,在 200～350 nm 波长范围扫描紫外吸收光谱,同时用同法对 0.1 g/L 邻苯二甲酸酐溶液扫描,确定蒽醌定量分析测定波长。

3.标准曲线的制作

以 323 nm 为测定波长,以甲醇为参比溶液,分别测量蒽醌系列标准溶液的吸光度。以吸光度为纵坐标,标准溶液浓度为横坐标,绘制标准曲线,并通过计算标准曲线的斜率求摩尔吸光系数。

4.样品测定

精密吸取蒽醌试液 5 mL 于 10 mL 容量瓶中,用甲醇定容,以制作标准曲线的实验条件测定其吸光度,计算试样中蒽醌的含量(g/mL)。

五、思考题

(1)为什么选用 323 nm 而不选用 251 nm 作为蒽醌定量分析的测定波长?

(2)本实验为什么用甲醇作参比?

实验 12　红外分光光度计的使用与固体样品的制备

一、目的要求

(1)掌握 KBr 压片制样方法。

(2)了解红外分光光度计的一般操作。

(3)了解化合物红外光谱图的初步解析步骤。

二、实验提要

(1)进行红外分析,对样品有一定要求,即样品的纯度必须大于 98% 且不含水。通常气、液及固体样品均可进行分析,但以固体样品的分析较为简便。

(2)固体样品制样有三种方法,即压片法、糊剂法及薄膜法,其中以压片法最为常用。

(3)在制样研磨过程中需在红外灯下进行操作。

三、仪器与试剂

(1)红外分光光度计;玛瑙乳钵;红外灯;油压压片机(配真空泵);模具。

(2)KBr(光谱纯)。

(3)样品:水杨酸(AR)。

四、实验步骤

(1)仪器准备　打开红外分光光度计,预热平衡,再打开计算机,进入红外工作站,设置相关参数。

(2)样品制备　取样品 1～2 mg,加入 200 目的 KBr 粉末 100～200 mg,于红外灯下在玛瑙乳钵中研磨均匀,装入压片模具,在抽真空状态下用油压机以 10～20 MPa 的压力压制 2 min,然后小心取下压片(厚度约 1 mm),装入样品架。

(3)样品测定　将样品架置于样品窗口,进行红外光谱扫描。

(4)样品解析　测试结束后,对未知物谱图进行解析,确定各峰归属。

五、注意事项

(1)红外分光光度计在使用之前,要预热 30 min。

(2)参数设计要合理,否则会影响样品的红外图谱形状。

(3)样品的研磨要在红外灯下进行,防止样品吸水。

(4)压片时要抽真空,以除去样品粉末中的空气,以免压成的样品片减压碎裂。

(5)压片模具用后应立即用无水乙醇揩擦,以免吸湿腐蚀模具。

(6)在整个实验过程中,要严格避免水分的干扰。

六、思考题

(1)为什么在做红外分析时样品须不含水分?

(2)研磨操作过程为什么须在红外灯下进行?

实验 13　硫酸奎宁的荧光法分析

一、目的要求

(1)熟悉荧光分光光度计的使用。

(2)了解激发光谱和发射光谱的绘制方法。

二、基本原理

奎宁具有喹啉环结构,能产生较强荧光,故可在荧光分光光度计上描绘其激发光谱与发射光谱。将激发光的光源用单色器使其分光后,测定每一波长激发光所发射的荧光,以 F-λ_{max} 作图,得到荧光物质激发光谱,并可找出其最大激发波长($\lambda_{max \cdot ex}$)。若将激发光的波长及强度保持不变,使物质发生的荧光通过单色器色散,然后以荧光强度对其相应的发射波长(λ_{em})作图,可得到该物质发射光谱及最大发射波长($\lambda_{max \cdot em}$)。

三、仪器与试剂

(1)荧光分光光度计;容量瓶;移液管。

(2)1.0 g/L 硫酸奎宁储备液;0.05 mol/L H_2SO_4 溶液。

四、实验步骤

(1)标准溶液的配制　精密吸取硫酸奎宁储备液 0.1 mL,置于 25 mL 容量瓶中,用 0.05 mol/L H_2SO_4 溶液稀释至刻度,摇匀。

(2)激发光谱的绘制　将硫酸奎宁标准液放入比色皿中,固定发射波长于 450 nm,选择宽狭缝,将自动扫描开关置"激发光扫描"挡,拉开光门,描绘 250~400 nm 范围内的激发光谱,并找出最大激发波长($\lambda_{max \cdot ex}$)。

(3)荧光光谱的绘制　固定激发波长于最大激发波长处,选择宽狭缝,将荧光波长置于 500 nm 左右。选择窄狭缝,将自动扫描开关置"发射光扫描"挡,拉开光门,描绘 250~500 nm 范围内的荧光光谱,找出最大发射波长($\lambda_{max \cdot em}$)。

五、思考题

简述狭缝的选择对本实验的影响。

实验 14　荧光分析法测定维生素 B_2 含量

一、目的要求

(1)掌握荧光分析法的基本原理和操作方法。

(2)熟悉荧光分光光度计的使用方法。

二、基本原理

维生素 B_2 分子中有 3 个芳环,具有平面刚性结构,在紫外光或波长较短的可见光照射下能产生黄绿色荧光。在 pH 6~7 的稀溶液(0.1~2.0 mg/mL)中,其荧光强度与维生素 B_2 的浓度成正比。

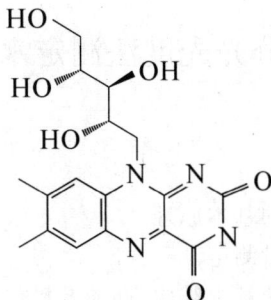

三、仪器与试剂

(1)荧光分光光度计。

(2)烧杯;1000 mL 容量瓶;50 mL 容量瓶(7 个);吸量管;分析天平。

(3)6 mol/L 醋酸溶液。

(4)维生素 B₂对照品;维生素 B₂待测液。

四、实验步骤

1. 储备液的制备

取维生素 B₂对照品 10.0 mg,精密称定,置于烧杯中,加入 200 mL 蒸馏水和 5 mL 6 mol/L 醋酸溶液使之溶解,完全转移至 1 000 mL 容量瓶中,用蒸馏水稀释至刻度,摇匀,即得浓度为 10.0 μg/mL 的维生素 B₂储备液。遮光密闭在冰箱中储存。

2. 绘制标准曲线或计算回归方程

精密吸取维生素 B₂储备液 0 mL、1.0 mL、2.0 mL、3.0 mL、4.0 mL 和 5.0 mL,分别置于 50 mL 容量瓶中,用蒸馏水稀释至刻度,摇匀。以第一个容量瓶中的溶液为空白,设定荧光分光光度计的激发波长为 467 nm,发射波长为 525 nm,测定各瓶溶液的荧光强度 F,每个溶液测定三次。根据测得的荧光强度 F 以及对应溶液的浓度 c 绘制标准曲线或计算回归方程 $F = bc + a$,并计算相关系数 r。

3. 试样测定

精密吸取维生素 B₂待测液 0.5 mL,置于 50 mL 容量瓶中,用蒸馏水稀释至刻度,摇匀。用荧光分光光度计以同样的方法进行测定(三次)。根据测得的荧光强度 F,从标准曲线读出或由回归方程计算出被测溶液中维生素 B₂的浓度 c,进而求出维生素 B₂待测液的浓度。

五、注意事项

(1)荧光分析法的灵敏度较高,故对溶剂的纯度及玻璃器皿、样品池的洁净程度要求均较高,实验用水应采用重蒸水或去离子水。

(2)被测定溶液不宜长时间受光线照射,以免造成荧光强度降低,引起实验误差。实验中应严格遵循平行操作的原则。

六、思考题

(1)试比较荧光激发光谱和荧光发射光谱,说明二者之间的区别与联系。

(2)试分析影响荧光分析法定量分析准确度的主要因素,并说明通常在测定前采用硫酸奎宁标准溶液标定仪器的原因。

实验 15　原子吸收分光光度法测定水中铜(钙、镁)的含量

一、目的要求

(1)掌握原子吸收光谱分析法的基本原理。

(2)熟悉用标准曲线法进行定量测定。

(3)了解原子吸收分光光度计的基本结构、性能及操作方法。

二、基本原理

稀溶液中的铜(钙、镁)离子在火焰温度(小于 3 000 K)下变成铜(钙、镁)原子蒸气,由光

源铜(钙、镁)元素空心阴极灯辐射出铜(钙、镁)的特征谱线,被铜(钙、镁)原子蒸气强烈吸收,其吸收的强度与铜(钙、镁)原子蒸气浓度的关系符合比尔定律。在固定的实验条件下,铜(钙、镁)原子蒸气浓度与溶液中铜(钙、镁)离子浓度成正比,即

$$A = Kc$$

式中:A 为吸光度;K 为常数;c 为溶液中铜离子的浓度。

根据标准曲线法,就可以求出待测溶液中铜(钙、镁)的含量。

三、仪器与试剂

(1)原子吸收分光光度计;铜(钙、镁)元素空心阴极灯;乙炔钢瓶;空气压缩机。

(2)容量瓶;移液管。

(3)1 g/L 铜标准储备液:取光谱纯金属铜 0.1 g(或铜量相当的 CuO),准确称定,置于 100 mL 烧杯中,盖上表面皿,用 HNO_3 溶液溶解,然后把溶液转移到 100 mL 容量瓶中,用 1% HNO_3 溶液稀释到刻度,摇匀备用。

(4)0.1 g/L 铜标准储备液:准确吸取 1 g/L 铜标准储备液 10 mL 于 100 mL 容量瓶中,用 1% HNO_3 溶液稀释到刻度,摇匀备用。0.005 g/L 镁标准溶液;0.1 g/L 钙标准溶液。

(5)硝酸(优级纯);去离子水。

(6)样品:水样。

四、实验步骤

(1)铜系列标准溶液的配制　精密吸取铜标准储备液(0.1 g/L)0 mL、0.5 mL、1 mL、1.5 mL、2 mL、2.5 mL,分别置于 100 mL 容量瓶中,用 1% HNO_3 溶液稀释至刻度。

(2)钙、镁系列标准溶液的配制　精密吸取 0.1 g/L 钙标准溶液 2 mL、4 mL、6 mL、8 mL、10 mL,分别置于 100 mL 容量瓶中,再依次精密吸取 0.005 g/L 镁标准溶液 2 mL、4 mL、6 mL、8 mL、10 mL 于上述对应的容量瓶中,用 1% HNO_3 溶液稀释至刻度,摇匀。此系列标准溶液含钙为 2 mg/L、4 mg/L、6 mg/L、8 mg/L、10 mg/L,含镁为 0.1 mg/L、0.2 mg/L、0.3 mg/L、0.4 mg/L、0.5 mg/L。

(3)仪器工作条件的选择　按变动一个因素,固定其他因素来选择最佳工作条件的方法,确定实验的最佳工作条件,如表 4-2 所示。

表 4-2　实验仪器最佳工作条件

	铜 元 素	钙 元 素	镁 元 素
空心阴极灯工作电流/mA	5	5	5
分析线波长/nm	325	422.7	422.7
燃烧器高度/mm	6	9	9
狭缝宽度/mm	0.2	0.5	0.5
燃烧器高度/mm	6	9	9

(4)系列标准溶液的测定　在工作条件下,由稀到浓依次测定各标准溶液的吸光度 A。

(5)样品溶液的测定　精密吸取水样适量(自来水:测钙时 10 mL、测镁时 2 mL),置于 100 mL 容量瓶中,用 1% HNO_3 溶液稀释至刻度,摇匀,在相同条件下测定其吸光度 A。

五、数据记录及处理

记录各标准溶液和样品溶液的吸光度,以吸光度 A 为纵坐标,相应的标准溶液浓度 c 为横坐标,绘制工作曲线,在工作曲线上查出水样中相应元素的含量。或计算回归方程,以回归方程计算样品中被测元素的含量。

六、注意事项

(1)注意乙炔流量和压力的稳定性。

(2)乙炔为易燃、易爆气体,应严格按操作步骤进行,先通空气,后供给乙炔气体。结束或暂停实验时,要先关乙炔气体,再关闭空气,避免回火。

七、思考题

(1)本实验的主要干扰因素及其消除措施有哪些?

(2)标准溶液及样品溶液的酸度对吸光度有什么影响?

实验 16　硅胶 G 薄层板的制作与活度的测定

一、目的要求

(1)掌握黏合薄层板的制作方法。

(2)学会薄层色谱的基本操作方法。

(3)了解硅胶 G 薄层板活度的测定方法。

二、基本原理

硅胶的吸附性质取决于连接在硅原子表面的羟基基团——硅羟基(—Si—OH),经活化后的硅胶如暴露在空气中,则能吸附水分使之减活。

硅胶黏合薄层板活度目前一般采用 Stahl 活度法测定。将二甲黄、苏丹红、靛酚蓝混合溶液样品点在薄层板上,用石油醚展开 10 cm,斑点应不移动;如用苯展开,则应分成三个斑点。合格的硅胶黏合薄层,其 R_f 值分别为二甲黄 0.58、苏丹红 0.38、靛酚蓝 0.08,允许的误差范围均为±5%,其活度为 Ⅱ～Ⅲ级,水分含量为 5%～15%。如 R_f 值小于标准值,表明硅胶的含水量小(新鲜活化的硅胶板),吸附能力强,活度级别低于 Ⅱ 级;如 R_f 值大于标准值,表明硅胶的含水量大(硅胶板暴露在空气中时间较长),吸附能力弱,活度级别高于 Ⅲ 级。硅胶活度级别与硅胶的含水量、吸附能力及样品 R_f 值的关系如下:

硅胶活度级别:　Ⅰ　Ⅱ　Ⅲ　Ⅳ　Ⅴ

硅胶含水量:　　小　——→　大

硅胶吸附能力:　强　——→　弱

样品 R_f 值:　　　小　——→　大

三、仪器与试剂

(1)双槽层析缸;点样毛细管;电吹风;玻璃板(10 cm×20 cm);研钵。

(2)硅胶 G(薄层层析用);0.5％羧甲基纤维素钠溶液。

(3)混合染料(含二甲黄、苏丹红、靛酚蓝各 0.40 g/L)。

(4)展开剂:石油醚(AR)、苯(AR)。

四、实验步骤

(1)硅胶黏合薄层板制备　称取硅胶(薄层层析用)7 g 于小研钵中,加 0.5％羧甲基纤维素钠溶液约 20 mL,研匀,铺于 10 cm×20 cm 玻璃板上,使其形成均匀薄层。室温晾干,置烘箱中于 105～110 ℃活化 0.5 h,在干燥器中储存备用。

(2)层析缸饱和　量取石油醚和苯各 80 mL,分别倒入两只层析缸中,盖上层析缸盖,晃动溶液,使其均匀分配至双槽中。

(3)点样与展开　取薄层板一块,在距板的一端 2 cm 处用铅笔轻轻画上起始线,并在距起始线 10 cm 处画出前沿线。在起始线上画上 4 个点样点,每点间隔 2 cm,两侧点距边缘 2 cm。用内径 0.5 mm 的平口毛细管轻轻点上混合染料溶液,边点边用冷风吹,原点直径应不超过 3 mm。吹干溶剂,将薄层板置于放有苯的层析缸中,展开至前沿线时,取出,吹干溶剂,画出实际前沿线。另取一板,同上操作,置于放有石油醚的层析缸中,做对照实验。

(4)观察斑点的位置,测量计算出二甲黄、苏丹红、靛酚蓝的 R_f 值,判断活度。

$$R_f = \frac{原点至染料斑点中心的距离}{原点至展开剂前沿的距离}$$

五、注意事项

(1)点样量不宜太多,否则会造成拖尾,影响分离。

(2)展开剂石油醚或苯中含水量的多少会影响斑点的 R_f 值,所以层析缸必须干燥。加入展开剂后如发现混浊,表明展开剂中含水,应用展开剂将层析缸荡洗三次。

(3)展开剂不要加得太多,起始线不能浸入展开剂中,否则会使样点溶解,原点变大。

六、思考题

(1)制备硅胶薄层板时,应注意哪些问题?影响薄层色谱 R_f 值的因素有哪些?

(2)用硅胶薄层板分离混合物属于哪一种色谱原理?

实验 17　氧化铝的活度测定

一、目的要求

(1)掌握吸附柱和薄层软板的制备方法。

(2)熟悉用柱色谱和薄层色谱测定氧化铝活度的方法。

(3)了解吸附柱色谱和薄层色谱的一般操作方法。

二、基本原理

(1)氧化铝是常用的固定相吸附剂,它对物质的吸附性能与被吸附的物质结构有关。物质极性越小,氧化铝对其吸附能力越小。如用柱色谱进行分离,则物质就越容易流出;如用薄层色谱分离,则比移值越大。氧化铝的吸附能力等级测定方法中较常用的是 Brockmann 法,即观察氧化铝对多种偶氮染料的吸附情况衡量其活度。所用染料的吸附性递增排列顺序如下:偶氮苯(1 号)<对甲氧基偶氮苯(2 号)<苏丹黄(3 号)<苏丹红(4 号)<对氨基偶氮苯(5 号)<对羟基偶氮苯(6 号)(表 4-3)。

(2)氧化铝的活性与含水量有关。含水量越高,吸附性能越小,柱上保留的东西就越少,流出液中的物质就越多,活性越弱,活性级别越高。根据氧化铝对以上染料的吸附情况,可将氧化铝的活度分为五级,用柱色谱法和薄层色谱法判断级别的依据分别见表 4-4 和表 4-5。

表 4-3　染料的编号、名称、结构和颜色

染料编号	染料名称	结　构	颜　色
1	偶氮苯		淡黄色
2	对甲氧基偶氮苯		淡黄色
3	苏丹黄		橙色
4	苏丹红		紫红色
5	对氨基偶氮苯		黄色
6	对羟基偶氮苯		黄色

表 4-4　氧化铝活度的柱色谱定级法

活度级别		I	II	III	IV	V
染料位置	柱上层	2	3	4	5	6
	柱下层	1	2	3	4	5
	流出液		1	2	3	4

表 4-5　氧化铝活度的薄层色谱定级法

活度级别	II	III	IV	V
偶氮苯	0.59	0.74	0.85	0.95
对甲氧基偶氮苯	0.16	0.49	0.69	0.89
苏丹黄	0.01	0.25	0.57	0.78
苏丹红	0.00	0.10	0.33	0.56
对氨基偶氮苯	0.00	0.03	0.08	0.19

三、仪器与试剂

(1)色谱柱(长 10 cm,内径 1.5 cm);层析缸(25 cm×6.5 cm×3 cm);玻璃板。

(2)带橡皮套的玻璃棒;小漏斗;精制棉;毛细管点样器;10 mL 量筒。

(3)2、3 和 4 号染料混合溶液:称取对甲氧基偶氮苯(2 号)、苏丹黄(3 号)、苏丹红(4 号)各 20 mg,溶于 10 mL 纯的无水苯中,加石油醚至 50 mL。

(4)展开剂:苯-石油醚(体积比 1:4)。

(5)待测活度的氧化铝。

四、实验步骤

1.柱色谱法测定氧化铝活度

(1)色谱柱的准备　取洁净色谱柱(长 10 cm,内径 1.5 cm,若不干净,则用洗脱液洗涤),取少量精制棉,用玻璃棒将其捅入(不要太紧),打开活塞,将色谱柱垂直地夹于蝴蝶夹上。称量待测活度的氧化铝粉末 6 g,将其通过小漏斗注入色谱柱管内(氧化铝高度约为 6 cm)。关紧活塞,用带橡皮套的玻璃棒均匀地敲打有氧化铝的柱体部分,使其填装紧密。

(2)活度的测定　打开活塞,用胶头滴管将 5 mL 混合染料溶液沿色谱柱壁旋转缓慢加入色谱柱内。将洁净的小烧杯放置于色谱柱下方,收集流出液,待染料溶液全部通过色谱柱后,立即以干燥的洗脱液 20 mL 淋洗色谱柱,控制流速在每分钟 20～30 滴。

观察和记录流出液的颜色和色谱柱上的颜色及位置,根据表 4-4,判断氧化铝活度级别。

2.薄层色谱法测定氧化铝活度

(1)氧化铝软板的制备(干法铺板)　称取待测氧化铝约 15 g,撒在洁净、干燥的玻璃板上(玻璃板下面可垫一张白纸),另取比玻璃板宽度稍长的玻璃棒,在两端各绕 3 圈胶布,其距离即为薄层的宽度,其厚度即为薄层的厚度。双手均匀用力,推挤氧化铝至玻璃板的另一端,使其成为均匀平坦的薄层。

(2)点样、展开　取氧化铝薄层板一块,距一端 2.5 cm 处作为起始线。取毛细管点样器一根,点加染料混合液于起始线中点。在色谱缸内放入 10 mL 展开剂,预饱和 15 min 后展开。待展开剂前沿距起始线约 15 cm 时取出。观察各染料的位置和颜色,测定比移值,根据表 4-5 确定氧化铝的活度。

五、数据记录及处理

1.柱色谱法测定氧化铝的活度

位　　置	颜　　色	染　　料
柱上层		
柱下层		
流出液		

氧化铝活度级别为_____级。

2.薄层色谱法测定氧化铝的活度

$l_0 = $ _____ cm

	对甲氧基偶氮苯	苏 丹 黄	苏 丹 红
颜色			
l/cm			
$R_f = l/l_0$			

氧化铝的活度级别为 _____ 级。

六、注意事项

(1)制备色谱柱时,精制棉用量不要太多,否则影响流速;也不能太少,否则漏液。

(2)染料溶液应小心地加到色谱柱上,注意不要使氧化铝表面受到扰动。

(3)用柱色谱法定级时,为了便于观察现象,可以事先将多余的洗脱液倒掉,待染料快要流出时,再收集。

(4)在氧化铝薄层上点样时,注意不要太用力,以防止吸入氧化铝。

(5)所用溶液为有机溶剂,整个过程注意防水,同时要注意溶液回收,都倒入废液缸中,不要直接倒入下水道。废液缸要密闭。

七、思考题

(1)根据染料的结构,说出极性递增的顺序。

(2)如何改变氧化铝的活度级别?

实验 18　薄层色谱法分离与定性鉴别

一、目的要求

(1)掌握薄层色谱的原理与一般操作方法。

(2)熟悉薄层色谱在定性鉴别中的应用。

二、基本原理

依据同一成分在相同的色谱条件下应有相同的色谱行为,在一定的色谱条件下,采用对照法,利用与对照品在相同的位置有相同颜色的斑点,进行定性鉴别、杂质检查及含量测定。R_f与相邻两斑点分离度 R_s 分别为

$$R_f = \frac{\text{从基线至展开斑点中心的距离}(l)}{\text{从基线至展开剂前沿的距离}(l_0)}$$

$$R_s = \frac{2(l_a - l_b)}{W_a + W_b}$$

式中:l_a 和 l_b 分别为 a、b 两组分原点至斑点中心的距离;W_a 和 W_b 分别为两组分斑点的宽度(纵向直径)。$R_s = 1$ 时,相邻两组分斑点基本分开。

硅胶常用作薄层色谱法的吸附剂,通过样品展开后形成的斑点进行分析,对物质的吸附性

能与被吸附物质的结构有关,物质极性越小,其吸附能力越小。

(注:以下实验内容选一。)

(1)喹啉衍生物类生物碱奎宁与辛可宁分子结构相似、理化性质相似。在硅胶 G 薄层板上,经适宜展开剂展开后,可进行鉴定。

(2)中药黄连中的活性成分之一是小檗碱类生物碱,常以小檗碱为对照品,由于其具有特殊的化学结构,不仅在紫外-可见区有吸收,而且在一定波长紫外光激发下,可发射荧光。因此,可利用薄层色谱法将供试品溶液中小檗碱与其他成分分离,置于紫外灯下检视其荧光斑点进行定性鉴别。

(3)复方磺胺甲噁唑片为复方制剂,含磺胺甲噁唑(SMZ)和甲氧苄氨嘧啶(TMP)。在硅胶 $GF_{254\,nm}$ 薄层板上,经适宜展开剂展开后,可在 254 nm 波长下检视荧光暗斑。

三、仪器与试剂

(1)展开缸;硅胶薄层板(预制或自制);毛细管(或微量注射器);喷雾器;电吹风;紫外分析仪。

(2)试剂:按所选实验内容确定。

(3)待检样品(随所选实验内容)。

四、实验步骤

(一)薄层色谱操作步骤

铺板、活化、点样、展开、检视,参见本章实验16。

(1)点样　取薄层板一块,距板的一端 1.5~2 cm 处,用铅笔轻轻画一横线作为起始线(表示点样位置,两样点间距应不小于 1 cm),在板另一端相应处标注样品名称。点样时,选取毛细管比较平整一端量取样品,轻点一下(点的直径不大于 3 mm),将对照品与样品间隔点样。

(2)展开　在展开缸中倒入展开剂适量(双槽倒在一侧;单槽将展开缸的一端垫起,倾斜角度为 15°~20°),将点好样品的薄层板倾斜置于展开缸中无展开剂处,预饱和 15 min;将展开缸小心倾侧(双槽)或放平(单槽),使点有样品的一端浸入展开剂中(不得使展开剂过原点);待展开剂前沿到达一定位置时,取出,立即标出溶剂前沿,用电吹风吹干溶剂(吹薄层板背面)。

(3)显色　在薄层板上喷显色剂,开始少量喷,在有斑点的位置多喷。显色后,用铅笔标出斑点的位置,并记录斑点的颜色。(该步骤根据需要。)

(4)检视　观察各斑点的位置和颜色,标记每个斑点的中心,记录现象,分别测量 l 和 l_0 值,计算比移值,判断待测样品中的成分。

(二)供试品溶液与色谱条件

(注:以下实验内容选一。)

1.喹啉衍生物类生物碱的定性鉴别

(1)对照品溶液　2 mg/mL 奎宁的三氯甲烷溶液;2 mg/mL 辛可宁的三氯甲烷溶液。

(2)供试品溶液　2 mg/mL 喹啉衍生物类生物碱混合物的三氯甲烷溶液。

(3)薄层板　硅胶 G。

(4)展开剂　石油醚-乙酸乙酯-二乙胺(9:6:2)或乙酸乙酯-无水乙醇-二乙胺(7:1:1)。

(5)展距　10 cm。

(6)显色剂　改良碘化铋钾试剂。

(7)检视　日光观察斑点颜色及形状,并记录。供试品色谱中,在与对照品色谱斑点相应的位置显示相同颜色的斑点。

2.黄连的定性鉴别

(1)对照品溶液　取盐酸小檗碱对照品适量,加无水乙醇溶解成每毫升含 0.5 mg 的溶液。

(2)对照药材溶液　取黄连对照药材 60 mg,研细,加乙醇 5 mL,置水浴中加热回流 15 min,过滤,滤液补加乙醇至 5 mL。

(3)供试品溶液　取黄连细粉 0.3 g,置于 60 mL 索氏提取器中,加乙醇连续回流提取生物碱至无色。将提取液浓缩至 20 mL,定量转移至 25 mL 容量瓶中,用乙醇稀释至刻度。

(4)点样体积　3 种溶液各 2 μL。

(5)展开剂　乙酸乙酯-三氯甲烷-甲醇-氨水-二乙胺(8∶2∶2∶1∶0.5)。

(6)展开距离　8~12 cm。

(7)检视　365 nm 紫外灯下,供试品色谱中,在与对照品斑点相应的位置上,显相同颜色的荧光斑点;与对照药材显相同颜色的四个荧光斑点。

3.复方磺胺甲噁唑片鉴别

(1)磺胺甲噁唑、甲氧苄氨嘧啶对照品溶液　分别称取磺胺甲噁唑 0.2 g、甲氧苄氨嘧啶 40 mg,各加甲醇 10 mL 溶解。

(2)复方磺胺甲噁唑片样品溶液　称取本品细粉适量(约相当于磺胺甲噁唑 0.2 g),加甲醇 10 mL,超声 15 min,过滤,取滤液。

(3)薄层板　硅胶 $GF_{254\,nm}$。

(4)展开剂　三氯甲烷-甲醇-二甲基甲酰胺(20∶2∶1)。

(5)展距　10 cm。

(6)检视　在 365 nm 和 254 nm 紫外灯下,观察斑点颜色及形状。

五、实验记录及处理

将实验数据记录、处理,填入下表:

$l_0 =$ _____ cm

样点	对照品 1	对照品 2	供试品点 1	供试品点 2
颜色				
l/cm				
R_f				

待测样品中含有的组分为 _____。

六、注意事项

(1)薄层板需活化后使用;实验过程需无水操作,展开缸密封性良好。

(2)点样时注意对照品与供试品交叉点样,点样量要适宜。

(3)注意室内温度与湿度。

七、思考题

(1)薄层色谱定性的依据是什么？影响吸附薄层色谱 R_f 的因素有哪些？

(2)用硅胶薄层板分离化合物,其比移值和结构有什么关系？

(3)薄层板展开时,展开剂的极性如何进行选择？有哪些展开方法？展开过程中应注意些什么？展开后斑点定位方法有哪些？

(4)简述 TLC 操作的一般顺序。它受哪些因素的影响？

实验 19　柱色谱法分离甲基橙与亚甲基蓝

一、目的要求

(1)掌握柱色谱的一般操作方法。

(2)熟悉柱色谱的分离原理。

(3)了解柱色谱法的应用。

二、基本原理

柱色谱有吸附色谱和分配色谱两种。实验室中最常用的是吸附色谱,其原理是利用混合物中各组分在固定相上的吸附能力和流动相的解吸附能力的差异,让混合物随流动相流过固定相,发生反复多次的吸附和解吸附过程,从而使混合物分离成两种或多种单一的纯组分。

对于甲基橙和亚甲基蓝的混合溶液,由于甲基橙和亚甲基蓝的结构不同,极性不同,吸附剂对它们的吸附能力不同,洗脱剂对它们的解吸附速度也不同。极性小、吸附能力弱、解吸附速度快的亚甲基蓝先被洗脱下来(蓝色溶液),而极性大、吸附能力强、解吸附速度慢的甲基橙后被洗脱下来(橙色溶液),从而使两种物质得以分离,形成有色物的若干色带。借助相应的鉴别手段,可分别收集各相对较纯的组分。

本实验以中性氧化铝为吸附剂,95％乙醇为洗脱剂,利用柱色谱法分离溶液中的甲基橙与亚甲基蓝。

三、仪器与试剂

(1)玻璃砂芯色谱柱(150 mm×10 mm);铁架台及铁夹;50 mL 锥形瓶;玻璃漏斗;带橡皮的玻璃棒。

(2)中性氧化铝(100～150 目)。

(3)甲基橙、亚甲基蓝混合溶液:0.05 g 甲基橙、0.05 g 亚甲基蓝溶于 100 mL 95％乙醇。

(4)95％乙醇;石英砂。

四、实验步骤

1.装柱

取玻璃砂芯色谱柱(150 mm×10 mm),竖直安装,以 50 mL 锥形瓶为洗脱液的接收容器(色谱柱可用 25 mL 酸式滴定管代替,滴定管底部应放置少许脱脂棉,用玻璃棒轻压)。关闭活塞,向柱中倒入 95％乙醇至约柱高的 3/4 处,打开活塞,控制流出速度为 1 滴/s。通过玻璃漏斗缓慢分次加入中性氧化铝(或将95％乙醇与中性氧化铝先调成糊状,再慢慢倒入柱中)。用带橡皮的玻璃棒轻敲柱身下部,使其装填均匀,松紧适当。当氧化铝层高度在8～10 cm时,在上面加一层0.5 cm厚的石英砂。注意不能使液面低于石英砂层的上表面。

2.上样

打开活塞,控制洗脱液流出速度为1滴/s。当柱中洗脱液流至液面刚好到达石英砂面时,立即沿柱壁加入0.5 mL甲基橙、亚甲基蓝混合溶液。当此溶液流至液面接近石英砂面时,立即用0.5 mL 95％乙醇冲洗色谱柱内壁沾附的有色物质,如此操作2～3次,直至有色物质全部淋洗入柱内。

3.洗脱

控制流出速度如前,少量多次地在色谱柱上端加入95％乙醇洗脱。随着洗脱液的流动,柱内逐渐出现亚甲基蓝的蓝色色带和甲基橙的橙色色带。蓝色的亚甲基蓝因极性小,首先向柱下移动,极性较大的甲基橙则留在柱的上端。当蓝色的色带快流出时,更换接收容器,继续洗脱至蓝色溶液全部流出。再次更换一个接收容器,改用水作洗脱剂洗脱至橙色的甲基橙溶液开始滴出,用另一个接收器收集至橙色溶液全部流出为止。分别得到两种组分的溶液。

五、注意事项

(1)色谱柱填装紧密与否对分离效果有很大影响。若柱中留有气泡或有断层或暗沟,会影响渗滤速度和流速的均匀性。但如果填装时过分敲击,又会因太紧密而流速太慢。

(2)加入石英砂的目的是避免加料时将吸附剂冲起,影响分离效果。

(3)在上样和洗脱过程中,应始终保持石英砂面上有一段液柱。否则当柱中溶剂流尽时,空气进入吸附剂层内,使柱内产生气泡和裂缝,影响流速和分离效果。

(4)最好用滴管将待分离的溶液转移至柱中。

(5)洗脱剂使用次序不能颠倒。

六、思考题

(1)装柱不均匀或者有气泡、裂缝,将会造成什么后果?如何避免?

(2)根据本实验的分离结果,判断甲基橙和亚甲基蓝的极性大小。

(3)柱色谱中,为什么极性较大的组分要用极性较大的溶剂洗脱?

实验20　有机酸的纸色谱定性

一、目的要求

(1)掌握纸色谱的操作方法。

(2)熟悉纸色谱的分离原理。

(3)了解纸色谱法在分离、定性方面的应用。

二、基本原理

纸色谱是平面色谱的一种,其固定相是附着在纸纤维上的水,展开剂(流动相)一般为有机试剂,其固定相极性大于流动相,属于正相分配色谱,分离极性有差别的化合物。极性较强的组分与固定相作用力强,在固定相中的溶解度比极性弱的组分大,因而在固定相中的保留时间较长,后被洗脱,其比移值较小。

　　酒石酸和羟乙酸存在极性差异。前者极性较强,在相同的色谱条件下,比移值较小;反之,后者较大。同一物质,在相同的色谱条件下,应在相同位置有相同颜色的斑点。应用对照法,依据样品和对照品在相同位置有相同颜色斑点,可以判断未知酸中是否含有对照品组分。

三、仪器与试剂

　　(1)色谱筒(高 22 cm,内径 5.5 cm);玻璃挂钩(带塞);培养皿(直径 12 cm)。

　　(2)毛细管点样器;电吹风;色谱滤纸。

　　(3)展开剂:正丁醇-醋酸-水(体积比 12∶3∶5)。

　　(4)显色剂:0.04% 溴酚蓝乙醇溶液;喷雾器。

　　(5)有机酸:2% 酒石酸和 2% 羟乙酸(均为乙醇溶液)。

　　(6)样品:未知混合酸乙醇溶液。

四、实验步骤

　　1.条形滤纸

　　(1)色谱纸准备　用滤纸裁剪一条色谱纸(裁剪规格为 4 cm×15 cm,色谱纸应保证平整和干净,所以整个操作都要在一张大白纸上进行),距纸的一端 2 cm 处,用铅笔画一横线作为起始线,并用铅笔标明对照品、样品位置(在起始线上每间距约 1.5 cm 做标记,酒石酸和羟乙酸在滤纸起始线的两边,混合样品点在中间),在色谱纸上端打一孔,使色谱纸能够悬挂于色谱筒内。

　　(2)点样　用毛细管取样品。选取毛细管比较平整的一端吸取样品,在相应样点位置上轻轻点一下,一般要点样 1~2 次,点的直径一般不大于 3 mm,越小越好,必须待水印完全消失后,才可以继续点样或展开。

　　(3)展开　在色谱筒中倒入展开剂,将点好样的色谱纸悬空挂在密闭色谱筒的挂钩上,预饱和 15~20 min。再小心将挂钩往下推动,直至有样品的一端浸入展开剂中,注意展开剂不得过原点。待展开剂前沿离原点 6 cm 左右时,取出,立即用铅笔标出溶剂前沿,并用电吹风吹干,直至无酸味。

　　(4)显色　均匀喷射显色剂。开始少量喷,在有斑点的位置多喷些。显色结束后,立即用铅笔标出斑点位置。然后找到每个斑点的中心,做好现象记录。

　　(5)定性　分别测量 l 和 l_0 值,计算比移值。根据现象记录,判断待测样品中是否含有酒石酸和羟乙酸。

　　2.圆形滤纸

　　(1)色谱纸准备　将滤纸剪成一个直径为 12.5 cm 的圆,在圆的正中间用铅笔轻轻画一个小圆,直径约为 1.5 cm,在圆心处戳一个洞,过圆心再画三条线,将圆形滤纸六等分。注意在小圆和线交叉的地方不要用铅笔画上痕迹,这是点样的位置。把点样的名称标在大圆的四周,样品酒石酸和羟乙酸对称,待测样品对称。

　　(2)点样　点样操作同"条形滤纸"。

　　(3)展开　将展开剂倒入一小培养皿,放在培养皿正中。卷一实心的纸芯,插在色谱纸正中的洞中,将点好样的滤纸写有字的一面朝上,把纸芯竖直浸入展开剂中,盖上培养皿盖,展开。当展距达到 4~4.5 cm 时将滤纸取出,并且立即用铅笔标出溶剂前沿。

(4)显色　将滤纸用电吹风吹干,直到没有酸味,均匀喷显色剂。显色结束后,立即用铅笔标出斑点位置。然后找到每个斑点的中心,做好现象记录。

(5)定性　分别测量 l 和 l_0 值,计算比移值。根据现象记录,判断待测样品中是否含有酒石酸和羟乙酸。

五、实验记录及处理

1. 长条滤纸:$l_0 =$ _____ cm

样点	酒石酸	羟乙酸	样品点 1	样品点 2
颜色				
l/cm				
R_f				

2. 圆形滤纸:$l_0 =$ _____ cm

样点	酒石酸	羟乙酸	样品点 1	样品点 2
颜色				
l/cm				
R_f				

六、注意事项

(1)色谱纸要平整,不得沾污,操作时可在下面垫一白纸。

(2)条形色谱纸要挂垂直,圆形色谱纸要放水平,纸芯要捻成实心的,并竖直放置。

(3)显色前必须把整张色谱纸吹干,直到无酸味为止;展开剂要回收。

(4)铅笔、圆规和直尺自备,不能用钢笔或圆珠笔在色谱纸上做记号。

七、思考题

(1)纸色谱的固定相是什么?

(2)纸色谱定性的依据及计算方法是怎样的?

实验 21　气相色谱仪的基本操作与色谱柱性能检查

一、目的要求

(1)掌握气相色谱柱的性能检查方法。

(2)掌握气相色谱仪的基本操作方法。

(3)了解气相色谱仪的工作原理和构造。

二、基本原理

应用色谱法进行定量分析,需对系统进行适应性试验,《中国药典》规定需对柱效、分离度、拖尾因子进行检查。本实验的检查内容包括色谱柱的理论塔板数和分离度。

(1)理论塔板数　理论塔板数用于判断柱效,同一色谱柱对于不同化合物柱效不一定相同。

$$n = 5.54\left(\frac{t_R}{W_{1/2}}\right)^2 = 16\left(\frac{t_R}{W}\right)^2$$

(2)分离度　分离度是判断相邻两组分在色谱柱中总分离效能的指标。分离度大于 1.5,表示达到基线分离。

$$R_s = \frac{2(t_{R_2} - t_{R_1})}{W_1 + W_2} = \frac{2(t_{R_2} - t_{R_1})}{1.699(W_{1/2_{(1)}} + W_{1/2_{(2)}})}$$

三、仪器与试剂

(1)气相色谱仪;氢火焰离子化检测器;5 μL 微量注射器。

(2)二硫化碳,1.0 g/L 甲苯对照品储备液(二硫化碳溶液),0.02 g/L 苯对照品储备液(二硫化碳溶液),所用试剂均为 AR 级。

四、实验步骤

(1)色谱条件　气体流速:载气 N_2 为 3 mL/min,燃气 H_2 为 40 mL/min,助燃气空气为 380 mL/min。温度:汽化室为 150 ℃,柱箱为 80 ℃,检测器为 130 ℃。

(2)溶液配制　精密吸取对照品甲苯储备液(1.0 g/L)1.0 mL 于 50 mL 容量瓶中,加二硫化碳稀释至刻度;精密吸取该溶液 1.0 mL、苯储备液(0.02 g/L)1.0 mL 于 10 mL 容量瓶中,加二硫化碳至刻度,摇匀。

(3)吸取配制的溶液 0.6 μL,注入气相色谱仪进行分析,根据色谱图上各组分峰的参数,按公式计算理论塔板数及分离度。

五、实验记录及处理

(1)色谱条件记录如下。

色谱柱:＿＿＿＿＿＿＿。柱温:＿＿＿＿＿＿＿℃。载气:＿＿＿＿＿＿。载气流速:＿＿＿＿＿＿ mL/min。检测器:＿＿＿＿＿＿。检测器温度:＿＿＿＿＿＿℃。量程＿＿＿＿＿＿。

辅助气:H_2＿＿＿＿＿＿ mL/min,空气＿＿＿＿＿＿ mL/min。汽化室温度:＿＿＿＿＿℃。

(2)记录组分名、保留时间、半峰宽(或峰宽)等参数,分别计算苯和甲苯的理论塔板数及两者的分离度。

物质	t_R	W(或 $W_{1/2}$)	n	R_s
苯				
甲苯				

六、注意事项

(1)实验前认真预习气相色谱仪的使用方法及使用注意事项。本实验也可采用 TCD 检测器。

(2)注意使用微量注射器时的操作要领,应注意避免针头和针芯被折弯。使用前应先用被测溶液洗涤数次,吸取样品时,注射器中不应有气泡。

(3)鉴于二硫化碳的毒性,对照液和样品混合液可直接使用试剂,而不使用二硫化碳作溶剂。这时,FID的量程挡可适当降低。

(4)在应用公式进行结果处理时,注意 t_R 和 W 或 $W_{1/2}$ 单位的一致性。

(5)实验完毕,注意物品归位,做好仪器使用登记。

七、思考题

(1)选择柱温的原则是什么？如样品组分中最高沸点为100 ℃,则柱温、汽化室及检测器的温度应怎样选择以进行初步试验？

(2)为什么检测器温度必须大于柱温？

(3)色谱柱的理论塔板数受哪些因素影响？分离度是否越大越好？

实验 22　气相色谱法定量分析(内标一点法)

一、目的要求

(1)掌握气相色谱仪的使用方法。

(2)掌握使用内标一点法测定含量的方法。

(3)了解气相色谱仪的工作原理和构造。

二、基本原理

气相色谱的定量方法常采用内标法,内标法又分标准曲线法、一点法、校正因子法。使用内标法可抵消仪器稳定性差、进样量不准确等带来的误差。内标法是选择样品中不含有的纯物质作为内标物,将其加入待测样品溶液中,将待测组分和内标物的响应信号对比,测定待测组分的含量。

对照品：
$$\frac{c_{ir}}{c_{sr}} = \frac{f_i A_{ir}}{f_s A_{sr}} = f' \frac{A_{ir}}{A_{sr}}$$

样品：
$$\frac{c_{ix}}{c_{sx}} = \frac{f_i A_{ix}}{f_s A_{sx}} = f' \frac{A_{ix}}{A_{sx}}$$

若配制的对照品溶液和样品溶液的内标物浓度相同,则有

$$c_{ix}/c_{ir} = \frac{A_{ix}}{A_{sx}} \bigg/ \frac{A_{ir}}{A_{sr}}$$

甲苯是药物制备过程中常见的一种有机溶剂,在成品中常有残留,其检出限量为0.089%。甲苯的测定方法可采用 GC 法,以苯为内标。

$$w_{甲苯}/(\%) = \frac{c_{ix}V}{m_i \times 1000} \times 100$$

式中：c_{ix} 为测得的样品溶液中甲苯的质量浓度(g/L)；V 为样品溶液的配制体积(mL)；m_i 为取样量(g)。

三、仪器与试剂

(1)气相色谱仪；氢火焰离子化检测器；5 μL 微量注射器。

(2)聚乙二醇(PEG)-20M 固定相。

(3)容量瓶;吸量管。

(4)0.89 g/L 甲苯对照品储备液(二硫化碳溶液);0.89 g/L 内标物苯储备液。所用试剂均为 AR 级。

(5)样品:吡洛卡品。

四、实验步骤

(1)色谱条件　气体流速:载气 N_2 为 3 mL/min,燃气 H_2 为 40 mL/min,助燃气空气为 380 mL/min。温度:进样器为 150 ℃,柱箱为 80 ℃,检测器为 130 ℃。

(2)对照品溶液配制　精密吸取甲苯对照品储备液(0.89 g/L)1 mL 于 10 mL 容量瓶中,加二硫化碳稀释至刻度;精密吸取该溶液 1 mL、内标物苯储备液(0.89 g/L)1.0 mL 于 10 mL 容量瓶中,加二硫化碳至刻度,摇匀。

(3)样品溶液的配制　取样品吡洛卡品 1 g,精密称定,置于 10 mL 容量瓶中,加入内标物苯储备液(0.89 g/L)1.0 mL,加二硫化碳至刻度,摇匀,即得。

(4)将对照品与样品溶液分别进样 0.6 μL,根据色谱图上各组分的峰面积,按公式计算样品含量。

五、数据记录及处理

将实验数据记录、处理,填入下表:

对照品_____ g/L;样品_____ g

物质	A_i	A_s	A_i/A_s	含量	平均含量
对照品 1				—	
对照品 2				—	—
样品 1					
样品 2					

六、思考题

(1)内标法对内标物的要求是什么?

(2)内标法的优、缺点是什么?

(3)甲苯的溶剂残留是否可以采用 HPLC 法? 为什么首选 GC 法?

实验 23　气相色谱法定量分析(内标校正因子法)

一、目的要求

(1)掌握气相色谱仪的使用方法。

(2)掌握内标校正因子法测定含量的方法。

(3)了解气相色谱仪的工作原理和构造。

二、基本原理

气相色谱的定量方法常采用内标法,内标法又分标准曲线法、一点法、校正因子法。使用内标法可抵消仪器稳定性差、进样量不准确等带来的误差。内标法是选择样品中不含有的纯物质作为内标物,将其加入待测样品溶液中,将待测组分和内标物的响应信号对比,测定待测组分的含量。校正因子法可由对照品溶液得到校正因子,在相同条件下分析,若已知取样量及样品中内标物的准确量,即可由样品色谱图的被测组分和内标物的峰面积计算被测组分含量。

$$f' = \frac{f_i}{f_s} = \frac{m_i/A_i}{m_s/A_s}, \qquad \frac{m_i}{m_s} = f' \times \frac{A_i}{A_s}$$

$$w_x/(\%) = \frac{m_{ix}}{m_样} \times 100 = \frac{m_{ix}}{m_{sx}} \times \frac{m_{sx}}{m_样} \times 100 = f' \times \frac{A_{ix}}{A_{sx}} \times \frac{m_{sx}}{m_样} \times 100$$

三、仪器与试剂

(1)气相色谱仪;氢火焰离子化检测器;5 μL 微量注射器。

(2)聚乙二醇(PEG)-20M 固定相。

(3)容量瓶;吸量管。

(4)水杨酸甲酯;龙脑对照品;醋酸乙酯。

(5)样品:冰片。

四、实验步骤

(1)色谱条件　聚乙二醇(PEG)-20M 固定相。温度:汽化室为 180 ℃,柱箱为 140 ℃,检测器为 180 ℃。要求理论塔板数按龙脑计不低于 1 900。

(2)内标溶液的配制　取水杨酸甲酯适量,精密称定,用醋酸乙酯配成 5 g/L 的内标溶液。

(3)对照品溶液的配制　取龙脑对照品 50 mg,精密称定,置于 100 mL 容量瓶中,用内标溶液溶解,并稀释至刻度,摇匀。

(4)校正因子的测定　精密吸取对照品溶液 1.0 μL,注入气相色谱仪分析,由对照品的量和峰面积及内标物的量和峰面积计算校正因子。

(5)样品中龙脑含量测定　取冰片约 50 mg,精密称定,置于 10 mL 容量瓶中,用内标溶液溶解,并稀释至刻度,摇匀。精密吸取对照品溶液 1.0 μL,注入气相色谱仪分析,由样品的量和峰面积及内标物的量和峰面积计算含量。

五、数据记录及处理

将实验数据记录、处理,填入下表:

对照品_____mg;内标物_____mg;样品_____mg

物质	A_i	A_s	m_s	f'	含　量	平均含量
对照品 1					—	
对照品 2					—	
样品 1						
样品 2						

六、思考题

比较内标一点法与内标校正因子法。

实验 24　气相色谱法定量分析(归一化法)

一、目的要求

(1)练习气相色谱仪的使用。

(2)学会质量校正因子的测定和归一化定量法。

二、基本原理

气相色谱定量分析方法有外标法、内标法、归一化法。当样品中各组分都能流出色谱柱且均能在检测器上有信号,并相互都能分开,则可以利用归一化法进行定量分析。样品中某一组分的含量为

$$w_i/(\%) = \frac{A_i f_i}{\sum A_i f_i} \times 100$$

质量校正因子可以查手册,也可自行测定。测定时取已知含量(或质量配比)的混合液,从色谱图中得到相应的峰面积计算。由

$$\frac{A_i f_i}{A_s f_s} = \frac{m_i}{m_s}$$

得

$$f_i = \frac{A_s f_s}{A_i} \times \frac{m_i}{m_s}$$

内标的校正因子可查手册得到,如苯的校正因子 $f_s = 0.78$(TCD)。

三、仪器与试剂

(1)气相色谱仪(TCD);5 μL 微量注射器。

(2)对照液:苯-甲苯溶液(体积比 1∶1)。

(3)样品:苯-甲苯混合样品液。

四、实验内容

(1)仪器条件　色谱柱:2 m×4 mm,15%DNP-6201 固定相(60~80 目)。柱温:100 ℃左右。检测器:TCD。载气:N₂(30~60 mL/min)。

(2)用微量注射器吸取对照液 0.8 μL 进样分析,记录色谱图,测定相应的峰面积,计算甲苯的校正因子。

(3)用微量注射器吸取样品液 0.8 μL 进样分析,记录色谱图,测定相应的峰面积,计算各组分的质量分数。

五、数据记录及处理

记录组分峰面积参数,并计算校正因子和归一化含量。

六、思考题

本实验中组分出峰顺序是什么?

实验 25　气相色谱法定性分析

一、目的要求

(1)掌握气相色谱仪的使用方法。
(2)掌握利用标准品直接对照定性的原理与方法。

二、基本原理

依据同一物质在同一色谱柱和相同操作条件下保留值相同的原理,利用标准品直接对照定性是气相色谱中一种常用的定性鉴别方法,分别测量标准品和样品在同一实验条件时的保留值,通过比较来定性。该方法适用于鉴别范围已知的未知物。

三、仪器与试剂

(1)气相色谱仪(FID);5 μL 微量注射器。
(2)苯对照液;甲苯对照液;二甲苯对照液。
(3)苯、甲苯、二甲苯的混合样品液。

四、实验步骤

(1)仪器条件　色谱柱:2 m×4 mm,15%DNP-6201 固定相(60~80 目)。柱温:100 ℃左右。检测器:TCD。载气:N_2(30~60 mL/min)。
(2)分离与鉴定　在上述实验条件下,分别取苯、甲苯、二甲苯对照液及混合样品液 0.5 μL进样,记录色谱图,用保留时间对照定性。

五、数据记录及处理

记录组分名、保留时间等参数。

六、注意事项

(1)利用标准品直接对照定性时,需保持实验条件的恒定。
(2)由于常用的分析纯二甲苯中含有乙苯(一般为 17%),故色谱图上会出现乙苯的色谱峰。混合样品的出峰顺序为苯、甲苯、乙苯、对二甲苯、间二甲苯和邻二甲苯。

七、思考题

(1)利用标准品直接对照定性应注意什么? 如何操作?
(2)本实验中组分出峰顺序的主要依据是什么?

实验 26　高效液相色谱仪的基本操作与色谱柱性能检查

一、目的要求

(1)掌握色谱柱理论塔板数和理论塔板高度、色谱峰拖尾因子和分离度的计算方法。

(2)了解高效液相色谱仪的构造及工作原理。

(3)掌握高效液相色谱仪的使用方法。

(4)了解考察色谱柱的基本特性的方法和指标。

二、基本原理

(1)理论塔板数和理论塔板高度　在色谱柱性能测试中,理论塔板数或理论塔板高度反映色谱柱本身的特性,是一个具有代表性的参数,可以用其衡量柱效能。根据塔板理论,理论塔板数越大,板高越小,柱效能越高,用各色谱峰的保留时间和峰的区域宽度计算其值。

$$n = 5.54\left(\frac{t_R}{W_{1/2}}\right)^2 = 16\left(\frac{t_R}{W}\right)^2, \quad H = \frac{L}{n}$$

(2)拖尾因子　拖尾因子计算参数示意图如图 4-5 所示。色谱柱的热力学性质和柱填充得均匀与否,将影响色谱峰的对称性,色谱峰的对称性用峰的拖尾因子(T)来衡量,T 值应在 $0.95 \sim 1.05$ 范围内。

$$T = \frac{W_{0.05h}}{2d_1}$$

(3)分离度　分离度是从色谱峰判断相邻两组分在色谱柱中总分离效能的指标,用 R 表示。相邻两组分的分离度应大于 1.5,才能达到完全分离。

$$R = \frac{2(t_{R_2} - t_{R_1})}{W_1 + W_2} = \frac{2(t_{R_2} - t_{R_1})}{1.699(W_{1/2_{(1)}} + W_{1/2_{(2)}})}$$

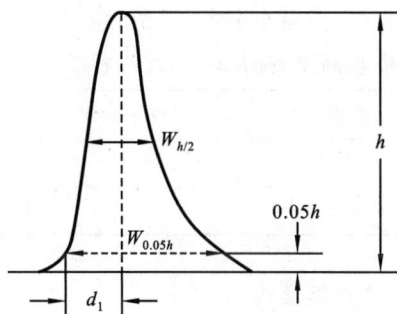

图 4-5　拖尾因子计算参数示意图

考察各类型色谱柱性能的常用化合物及操作条件见表 4-6。

表 4-6　色谱柱类型与操作条件

柱 类 型	检测用化合物	流 动 相
吸附柱	苯、甲苯、萘、联苯	乙烷或庚烷
反相柱	苯、甲苯、萘、菲、联苯等	甲醇-水(体积比 80∶20)
氰基柱	甲苯、苯乙腈、二苯酮等	乙烷-异丙醇(体积比 98∶2)
氨基柱	联苯、菲、硝基苯等	庚烷或异辛烷
醚基柱	邻、间、对-硝基苯胺等	乙烷-二氯甲烷-异丙醇(体积比 65∶30∶5)

三、仪器与试剂

(1)高效液相色谱仪(紫外检测器);微量注射器(25 μL)或自动进样器。

(2)C_{18}反相键合相色谱柱(150 mm×4.6 mm,5 μm)。

(3)溶剂过滤器(0.45 μm)及脱气装置。

(4)0.05%苯和甲苯(体积比1:1)的甲醇溶液。

(5)甲醇(色谱纯);重蒸馏水(新制)。

四、实验步骤

(1)流动相的配制　量取甲醇(色谱纯)和重蒸馏水(体积比80:20),混合后,用0.45 μm 滤膜过滤脱气。

(2)设置色谱条件　色谱柱:C_{18}反相键合相色谱柱(150 mm×4.6 mm,5 μm)。流动相:甲醇-水(体积比80:20)。流速:1 mL/min。检测器:紫外检测器。检测波长:254 nm。柱温:30 ℃。

(3)用微量注射器吸取0.05%苯和甲苯(体积比1:1)的甲醇溶液10 μL,注入色谱仪分析,记录色谱图并作数据处理、打印。

五、数据记录及处理

(1)色谱条件如下。

色谱柱:_____。柱温:_____℃。流动相:_____。

流速:_____mL/min。检测器:_____。检测波长:_____。

(2)记录组分名、保留时间、峰宽(或半峰宽)等参数,分别计算苯和甲苯的理论塔板数、理论塔板高度、拖尾因子及两者的分离度。

物质	t_R	W(或 $W_{1/2}$)	$W_{0.05h}$	d_1	n	H	T	R_s
苯								
甲苯								

六、注意事项

(1)实验前认真预习高效液相色谱仪的使用方法及使用注意事项。

(2)手动进样时要用平头微量注射器,不可用气相分析的尖头微量注射器,注意使用时的操作要领,防止针头和细长针芯折弯。使用前应先用被测溶液洗涤数次,吸取样品时,注射器中不应有气泡。

(3)注意流动相不能流干,废液瓶及时清空,以免废液溢出。

七、思考题

(1)流动相在使用前为何要脱气?

(2)在反相色谱中,流动相和固定相哪个极性大? 与正相色谱相比,有何不同?

(3)使用化学键合相色谱柱时,流动相的pH值应控制在什么范围内?

实验27　高效液相色谱法定量分析(外标法)

一、目的要求

(1)掌握高效液相色谱仪的使用方法。

(2)掌握高效液相色谱的定量测定方法。

二、基本原理

高效液相色谱的定量方法常采用外标法,外标法又分标准曲线法、一点法和两点法。当标准曲线法为过原点的直线时,则可用一点法进行含量测定,其误差来源主要为进样量不准确。在药物分析中,为了减小实验条件波动对分析结果的影响,常采用随行外标一点法,即每次测定都同时进对照品与样品溶液。在同一台仪器同样的分析条件下,进同样体积的对照品溶液和样品溶液分析,则有

$$\frac{A_{样}}{A_{标}} = \frac{c_{样}}{c_{标}}$$

即

$$c_{样} = \frac{A_{样} \times c_{标}}{A_{标}}$$

苯是药物制备过程中常见的一种有机溶剂,在成品中常有残留,其检出限量为 20 ppm (0.002%)。其紫外最大吸收波长在 254 nm,可在该波长处利用外标法对苯进行含量测定。

丹参酮ⅡA是药材丹参的有效成分之一,其含量是用于控制药材质量的指标,其紫外最大吸收波长在 270 nm,可在该波长处利用外标法对其进行含量测定。

三、仪器与试剂

(1)高效液相色谱仪(紫外检测器);25 μL 微量注射器或自动进样器。

(2)C₁₈反相键合相色谱柱(150 mm×4.6 mm,5 μm)。

(3)溶剂过滤器(0.45 μm)及脱气装置。

(4)0.05%苯的甲醇溶液或丹参酮ⅡA对照品。

(5)甲醇(色谱);重蒸馏水(新制)。

(6)样品:药物或丹参药材。

四、实验步骤

1.流动相的配制

量取甲醇(色谱)和重蒸馏水(体积比为 80∶20 或 75∶25),置于量筒中混合后,用 0.45 μm 滤膜过滤脱气。

2.色谱条件

固定相:C₁₈反相键合相色谱柱(150 mm×4.6 mm,5 μm)。流动相:苯为甲醇-水(体积比 80∶20),丹参酮ⅡA为甲醇-水(体积比 75∶25)。流速:1 mL/min。检测波长:苯在 254 nm,丹参酮ⅡA在 270 nm。柱温:30 ℃。

3.含量测定

(1)对照品溶液的配制 精密吸取苯对照品储备液(0.1 mg/mL)1 mL,置于 10 mL 容量瓶中,加甲醇稀释至刻度,摇匀,即得(或:取丹参酮ⅡA对照品 10 mg,精密称定,置于 50 mL 棕色容量瓶中,加甲醇至刻度,摇匀;精密量取该溶液 2 mL,置于 25 mL 棕色容量瓶中,加甲醇至刻度,摇匀,即得每升含丹参酮ⅡA16 mg 的溶液)。

(2)样品溶液的配制 精密称取某制剂细粉约 1 g,置于 50 mL 带塞三角烧瓶中,准确加入甲醇 10.0 mL,振摇使本品分散,密塞振摇 1 h,取上清液作为供试品溶液,用 0.45 μm 滤膜

过滤(或:取药材粉末(过 50 目筛)0.3 g,精密称定,置于 50 mL 容量瓶中,加入甲醇约 40 mL,超声 30 min,取出,放冷至室温,用甲醇定容,摇匀;取适量该溶液用 0.45 μm 滤膜过滤,取续滤液,即得)。

(3)精密吸取对照品和样品溶液 10 μL,分别注入高效液相色谱仪进行分析,根据对照品和样品溶液色谱图上苯(丹参酮ⅡA)的峰面积用标准品对照法(外标一点法)计算其制剂中苯(丹参酮ⅡA)的含量。

五、数据记录及处理

将实验数据记录、处理,填入下表:

溶液	次数	A	$A_{平均}$	$c_{样}/(\text{mg/mL})$	$w/(\%)$
对照品	1			—	—
	2				
样品	1				
	2				

注:若测定药物中溶剂苯的残留量,$c_{样}$ 的单位取 mg/mL;若测定丹参药材中丹参酮ⅡA的含量,$c_{样}$ 的单位取 mg/L。

六、思考题

(1)外标一点法的主要误差来源是什么? 欲获准确的实验结果,在实验操作中应注意哪些问题? 使用六通阀手动进样器时要注意什么?

(2)比较外标法和内标法。

实验 28　核磁共振波谱法测定乙酰乙酸乙酯互变异构体的相对含量

一、目的要求

(1)熟悉核磁共振波谱仪的工作原理及基本操作。
(2)了解核磁共振波谱法测定互变异构体相对含量的原理与方法。

二、基本原理

互变异构是有机化学中的常见现象,酮式和烯醇式的相对含量与分子结构、浓度和温度有关。在一定条件下,酮式和烯醇式以互变异构的形式共存,达到动态平衡。由于酮式与烯醇式分子中各类质子的化学环境各不相同,有不同的化学位移,故利用核磁共振波谱法,可根据两种互变异构体的峰面积值求得其相对含量。

乙酰乙酸乙酯烯醇式相对含量的计算公式为

$$w_{烯醇式}/(\%) = \frac{A_{烯醇式}}{A_{烯醇式} + \frac{1}{2}A_{酮式}} \times 100$$

三、仪器与试剂

(1)AV 400 型脉冲傅里叶变换核磁共振波谱仪;样品管(φ50 mm)。

(2)乙酰乙酸乙酯(分析纯);氘代三氯甲烷(含 0.1%TMS)。

四、实验步骤

1.试样制备

取 100 μL 乙酰乙酸乙酯至核磁管中,再向核磁管中加入 0.5 mL 氘代三氯甲烷,盖上盖子,放置,直至互变异构体达到平衡。

2.试样测定

将样品管放入探头内,设定仪器参数:测试核种为 ^1H;样品管转速为 20 Hz;扫描次数为 16;脉冲程序为 zg30。调整好仪器,采集信号,进行必要的数据处理,并测绘积分曲线。根据酮式和烯醇式两种互变异构体的峰面积值计算乙酰乙酸乙酯烯醇式的相对含量。

3.样品管清洗

测定完毕,键入"ej"命令,从探头中取出样品管,盖好探头防尘盖,关闭空压机。将样品管中的溶剂等倒入废液瓶中,用易挥发溶剂(丙酮、乙醇等)小心地清洗样品管,然后自然晾干。

五、注意事项

(1)溶剂中的 ^1H 也会出峰,而溶剂的量远大于样品量,故溶剂峰会掩盖样品峰。测定时应使用氘代试剂作为溶解样品的溶剂,氘(^2H)的共振峰频率和氢(^1H)的差别很大,氢谱中不会出现氘的峰,减少了溶剂的干扰。在谱图中出现的溶剂峰是氘取代不完全而残留的氢的峰。

(2)溶剂的用量应适宜,一般样品溶液的长度应比线圈上下各多出 3 mm。溶剂量过少,会影响自动匀场的效果;过多则浪费溶剂,且因样品被稀释而减少处于线圈中的有效样品量。

(3)为了使磁场稳定,测定试样时要进行锁场。虽然不锁场也可以进行测定,但此时磁场稳定性差,测得的谱图分辨率较低。

(4)氘代三氯甲烷中所含的 0.1% TMS(四甲基硅烷)用作确定化学位移的标尺。有时也可用溶剂峰替代 TMS 作为标尺。

第5章 综合性与设计性实验

实验1 混合碱样品各组分含量测定

一、目的要求

(1)了解混合碱的组成判断及含量的测定方法。

(2)了解双指示剂法。

二、基本原理

Na_2CO_3 为二元碱,有两个计量点,可选择合适的指示剂,在一份溶液中用标准酸连续分别滴定。由 $NaOH$、Na_2CO_3、$NaHCO_3$ 组成的混合物,可根据滴定体积的大小判断组成及测定含量。滴定反应式如下:

$$NaOH + HCl \longrightarrow NaCl + H_2O \qquad pH = 7.0$$

$$Na_2CO_3 + HCl \longrightarrow NaHCO_3 + NaCl \qquad pH = 8.3$$

$$NaHCO_3 + HCl \longrightarrow NaCl + CO_2 \uparrow + H_2O \qquad pH = 3.9$$

第一个化学计量点,可选用酚酞作指示剂,终点时溶液由红色变为无色,滴定所消耗 HCl 标准溶液的体积记录为 V_1。第二个化学计量点,可选用甲基橙作指示剂,终点由黄色变为红色,滴定所消耗 HCl 标准溶液的体积记录为 V_2。

第一个化学计量点时,NaOH 完全反应,Na_2CO_3 反应生成 $NaHCO_3$。第二化学计量点时,$NaHCO_3$ 反应完全。

若 $V_1 > V_2$,试样由 NaOH 与 Na_2CO_3 组成。含量的计算公式为

$$w_{NaOH}/(\%) = \frac{c_{HCl}(V_1 - V_2)M_{NaOH}}{m_s \times 1\,000} \times 100 \qquad (M_{NaOH} = 40.0 \text{ g/mol})$$

$$w_{Na_2CO_3}/(\%) = \frac{c_{HCl}V_2 M_{Na_2CO_3}}{m_s \times 1\,000} \times 100 \qquad (M_{Na_2CO_3} = 106.0 \text{ g/mol})$$

若 $V_1 < V_2$,试样由 Na_2CO_3 与 $NaHCO_3$ 组成。含量的计算公式为

$$w_{Na_2CO_3}/(\%) = \frac{c_{HCl}V_1 M_{Na_2CO_3}}{m_s \times 1\,000} \times 100$$

$$w_{NaHCO_3}/(\%) = \frac{c_{HCl}(V_2 - V_1)M_{NaHCO_3}}{m_s \times 1\,000} \times 100 \qquad (M_{NaHCO_3} = 84.01 \text{ g/mol})$$

若 $V_1 = V_2$,试样仅含 Na_2CO_3;若 $V_1 = 0$,试样仅含 $NaHCO_3$;若 $V_2 = 0$,试样仅含 NaOH。

三、仪器与试剂

(1)分析天平(0.1 mg);称量瓶;25 mL 酸式滴定管;容量瓶;移液管;250 mL 锥形瓶。

(2)混合碱样品:将 NaOH 和 Na_2CO_3 以 2:3 比例混合均匀,即得。

(3)0.1 mol/L HCl 标准溶液(同第 3 章实验 8)。

(4)0.2‰酚酞指示剂(同第 3 章实验 4);0.1‰甲基橙指示剂(同第 3 章实验 4)。

四、实验步骤

取混合碱样品 0.6 g,精密称定,置于 100 mL 容量瓶中,用蒸馏水溶解并定容,精密量取 20 mL 该溶液于 250 mL 锥形瓶中,加蒸馏水 25 mL 稀释,加 0.2‰酚酞指示剂 2 滴,用 0.1 mol/L HCl 标准溶液滴定至溶液红色恰好褪去,记录滴定体积 V_1;随后向滴定溶液加入0.1‰甲基橙指示剂 2 滴,用 0.1 mol/L HCl 标准溶液滴定至溶液由黄色转变为红色,煮沸 2 min,冷却至室温,继续滴定至溶液颜色由黄色转变为红色,即为滴定终点,记录滴定体积 V_2。平行测定三次,由 V_1、V_2 判断样品组成,并计算含量及相对平均偏差。

五、思考题

(1)测定混合碱时到达第一个化学计量点前滴定速度太快,摇动不均匀致使滴入 HCl 局部过浓,使 $NaHCO_3$ 迅速转变为 H_2CO_3 进而分解为 CO_2 造成损失。这种情况对分析结果有何影响?

(2)试述混合碱各组分的测定原理。

实验 2　有机酸摩尔质量的测定

一、目的要求

(1)掌握有机酸摩尔质量测定的原理和实验方法。

(2)培养综合应用酸碱滴定法的能力。

二、基本原理

酸碱滴定法不仅可用于测定物质的含量,还可用于测定有机酸的摩尔质量。为了准确测定一种有机酸的摩尔质量,要求:①有机酸的解离常数 $K_a \geq 10^{-7}$;②NaOH 标准溶液的浓度应准确标定;③被测定的有机酸纯度要高(不纯净的有机酸需先提纯后再测定)。

有机酸(H_nA)与 NaOH 的反应方程式为

$$H_nA + nNaOH \longrightarrow Na_nA + nH_2O$$

有机酸的摩尔质量计算公式为

$$M_{H_nA} = \frac{nm_{H_nA} \times 1\,000}{c_{NaOH}V_{NaOH}}$$

三、仪器与试剂

(1)分析天平(0.1 mg);称量瓶;干燥器;锥形瓶;50 mL 量筒;25 mL 碱式滴定管;100 mL 烧杯;250 mL 容量瓶;25 mL 移液管。

(2)0.1 mol/L NaOH 标准溶液(同第 3 章实验 5)。

(3)0.2‰酚酞指示剂(同第 3 章实验 4);邻苯二甲酸氢钾(同第 3 章实验 5)。

(4)有机酸试样:草酸($H_2C_2O_4 \cdot 2H_2O$)、柠檬酸($C_6H_8O_7 \cdot H_2O$)或酒石酸($C_4H_6O_6$)。

四、实验步骤

1. 0.1 mol/L NaOH 标准溶液的标定

同第 3 章实验 5。平行测定 7 次,要求相对平均偏差≤0.2%。

2. 有机酸摩尔质量的测定

取有机酸试样一份,精密称定,置于烧杯中,用蒸馏水溶解,定量转入 250 mL 容量瓶中,加蒸馏水稀释至刻度,充分摇匀。精密吸取 25.00 mL 于 250 mL 锥形瓶中,加酚酞指示剂 2~3 滴,用 0.1 mol/L NaOH 标准溶液滴定至溶液由无色变为微红色(30 s 不褪色),即为终点。平行测定 5 次。

五、思考题

(1)若选用草酸为试样,$H_2C_2O_4 \cdot 2H_2O$ 失去一部分结晶水,测得的摩尔质量会产生何种误差?

(2)试根据实验步骤估算试样的取样量范围。

实验 3　水中化学耗氧量(COD)的测定

一、目的要求

(1)了解水中化学耗氧量的含义、表示方法及测定化学耗氧量的意义。

(2)熟悉水中化学耗氧量的测定方法。

二、基本原理

水中化学耗氧量(简称 COD)是水质检测的一项重要指标,它是指特定条件下,水中还原性物质所消耗的氧化剂的量,换算成氧的质量浓度(以 mg/L 计)。

水中除含有 NO_2^-、S^{2-}、Fe^{2+} 等无机还原性物质外,尚含有少量有机物。有机物腐烂则促使水中微生物繁殖,从而污染水质,影响人民身体健康。同时,水中 COD 高时呈现明显黄色,且酸度升高,工业生产用这样的水,对锅炉、管道有侵蚀作用,影响纺织品的印染质量;对制药行业(特别是中药制药业),将严重影响药品质量。因此,水中 COD 的测定很重要。

COD 的测定可采用高锰酸钾法、重铬酸钾法,其中高锰酸钾法适宜测定地面水、河水等污染不十分严重的水。

在酸性溶液中,加入一定量过量的 $KMnO_4$ 标准溶液,加热使之与水中的有机物作用完全,再加入一定量过量的 $Na_2C_2O_4$ 标准溶液,与过量的 $KMnO_4$ 作用,最后剩余的 $Na_2C_2O_4$ 再用 $KMnO_4$ 标准溶液滴定。反应式如下:

$$4MnO_4^-(过量)+5C+12H^+ \longrightarrow 4Mn^{2+}+5CO_2\uparrow+6H_2O$$

$$2MnO_4^-(剩余量)+5C_2O_4^{2-}(过量)+16H^+ \longrightarrow 2Mn^{2+}+8H_2O+10CO_2\uparrow$$

$$5C_2O_4^{2-}(剩余量)+2MnO_4^-(滴定剂)+16H^+ \longrightarrow 2Mn^{2+}+10CO_2\uparrow+8H_2O$$

根据滴定剂 $KMnO_4$ 标准溶液与 O_2 的计量关系,求出每升水样耗氧的质量,以 mg/L 表示。同时用蒸馏水代替水样,进行空白实验,计算空白值,校正分析结果。

$$COD(mg/L)=\frac{\left[c_{KMnO_4}\times(V_1+V_2)-\frac{2}{5}c_{Na_2C_2O_4}V_{Na_2C_2O_4}\right]\times\frac{5}{2}\times15.999\times1\,000}{V_{水}}$$

三、仪器与试剂

(1)25 mL 酸式滴定管;250 mL 锥形瓶;100 mL 容量瓶;移液管。

(2)0.002 mol/L KMnO₄ 标准溶液(参见第 3 章实验 22,用时准确稀释 10 倍)。

(3)0.005 mol/L Na₂C₂O₄ 标准溶液:准确称取干燥至恒重的 Na₂C₂O₄ 基准试剂 0.34 g 于 500 mL 容量瓶中,加蒸馏水溶解并稀释至刻度,摇匀,即得。

(4)H₂SO₄ 溶液(1∶3);固体 Ag₂SO₄。

四、实验步骤

精密量取水样 100 mL 于 250 mL 锥形瓶中,加入 H₂SO₄(1∶3)5 mL,精密加入 0.002 mol/L KMnO₄ 溶液 10 mL(V_1),立即加热至沸,煮沸 10 min 后,冷却至 90 ℃ 以下,准确加入 0.005 mol/L Na₂C₂O₄ 标准溶液 10 mL,充分摇匀,溶液红色褪去。用 0.002 mol/L KMnO₄ 溶液滴定,溶液呈稳定的浅红色(30 s 不褪)即为终点(终点时溶液温度不低于 60 ℃),记录滴定体积(V_2)。平行测定三次。

另取蒸馏水 100.00 mL 代替水样,进行空白实验,计算空白值,校正分析结果。

五、注意事项

(1)水中含 Cl⁻ 量大于 300 mg/L 时,将影响测定结果。加水稀释,降低 Cl⁻ 浓度,可消除干扰。若还不能消除干扰,可加入适量 Ag₂SO₄(1 g Ag₂SO₄ 可消除 200 mg Cl⁻ 的干扰)。

(2)水样中如有 NO₂⁻、S²⁻、Fe²⁺ 等还原性物质,也会干扰测定,应予以消除。

(3)取样后应及时分析测定。如需放置,可加少量 CuSO₄ 以抑制微生物对有机物的分解。

(4)取样量视水质的污染程度而定,清洁透明的水样一般取 100 mL;混浊、污染严重的水样一般取 10~30 mL,后加蒸馏水稀释至 100 mL。

(5)分析测定时需加热至沸,此时溶液仍应保持 KMnO₄ 的紫红色,若红色消失,说明水中有机物较多,遇此情况应补加适量的 KMnO₄ 标准溶液。

(6)加热煮沸时间应严格控制。

六、思考题

(1)水样中 Cl⁻ 含量高时对测定有何干扰?应采用什么方法消除?

(2)水样中加入 KMnO₄ 溶液并在沸水中加热 10 min 后应当是什么颜色?若无色说明了什么问题?应如何处理?

(3)本实验为何要采用这种返滴定法?

实验 4　昆布中碘含量的测定

一、目的要求

(1)深入了解间接碘量法的应用。

(2)了解药用植物前处理的方法。

二、基本原理

《中国药典》收载的昆布包括海带和昆布,具有软坚消结之功效,富含碘。药典采用干法消化的前处理方法,然后采用碘量法,用硫代硫酸钠标准溶液滴定反应生成的碘。反应式为

$$I_2 + 2S_2O_3^{2-} \longrightarrow 2I^- + S_4O_6^{2-}$$

计算公式为　　$w_{I_2}/(\%) = \dfrac{c_{Na_2S_2O_3} V_{Na_2S_2O_3} \times M_{I_2}}{2 \times m_s \times 1\,000} \times 100$　　　$(M_{I_2} = 253.81\ \text{g/mol})$

三、仪器与试剂

(1)分析天平;25 mL 酸式滴定管;250 mL 碘量瓶;100 mL 容量瓶,25 mL 移液管。

(2)马弗炉;漏斗;瓷坩埚;滤纸。

(3)甲酸钠(AR);KI(AR);溴(AR);硫酸(AR)。

(4)0.01 mol/L Na$_2$S$_2$O$_3$ 标准溶液(同第 3 章实验 18,用前准确稀释 10 倍)。

(5)0.5%淀粉指示液(同第 3 章实验 18);甲基橙指示剂(同第 3 章实验 4)。

(6)样品:海带或昆布。

四、实验步骤

取剪碎的昆布(海带)约 2 g,精密称定,置于瓷坩埚中,缓缓加热灼烧,温度每上升 100 ℃维持 5 min,升温至 400~500 ℃时维持 40 min,取出,放置冷却。将炽灼残渣置于烧杯中,加水 20 mL,煮沸约 5 min,过滤,残渣用水重复处理 2 次,每次 20 mL,过滤,合并滤液,残渣用热水洗涤三次,洗涤液与滤液合并置于 100 mL 容量瓶中,加水至刻度。

精密量取 25 mL 上述溶液,置于碘量瓶中,加 25 mL 水与 2 滴甲基橙指示剂,滴加稀硫酸至显红色,加新制的溴试液 5 mL,加热至沸,沿瓶壁加 20%甲酸钠溶液 5 mL,再加热 10~15 min,用热水洗瓶壁,放置冷却,加稀硫酸 5 mL 与 15%碘化钾溶液 5 mL,立即用硫代硫酸钠标准溶液(0.01 mol/L)滴定至淡黄色,加淀粉指示液 1 mL,继续滴定至蓝色消失,1 mL 硫代硫酸钠标准溶液(0.01 mol/L)相当于 0.211 3 mg 的碘(I)。

本品按干燥品计算,海带含碘(I)不得少于 0.35%,昆布含碘(I)不得少于 0.20%。

五、注意事项

(1)注意灼烧温度的控制,不宜过高,否则会使碘化物分解而导致碘挥发。

(2)加热至沸时注意控制时间,防止干烧。

(3)注意控制洗涤水量。

六、思考题

(1)请说明本实验中所加各试液的作用。

(2)怎样计算滴定度?

实验 5　重铬酸钾法测定铁矿石中铁的含量

一、目的要求

(1)掌握重铬酸钾法测定铁含量的基本原理及实验条件。

(2)了解氧化还原指示剂的变色原理。

(3)学习矿样的酸分解及试液的预处理方法。

二、基本原理

$K_2Cr_2O_7$ 易纯制,纯品在 120 ℃干燥到恒重后,可直接配成标准溶液,无须标定。$K_2Cr_2O_7$ 是一种常用的强氧化剂,在酸性介质中可与还原性物质作用,本身还原为 Cr^{3+}。常用二苯胺磺酸钠作指示剂,溶液变成紫红色为终点。采用重铬酸钾法可以测定 Fe^{2+}、VO_2^{2+}、Na^+、COD 及土壤中有机质和某些有机化合物的含量。

本实验利用沙浴热盐酸分解铁矿石,利用 $SnCl_2$ 将 Fe^{3+} 还原为 Fe^{2+},在酸性溶液中用 $K_2Cr_2O_7$ 标准溶液滴定 Fe^{2+},从而完成铁矿石中铁含量的测定。滴定反应式为

$$Cr_2O_7^{2-}+6Fe^{2+}+14H^+\longrightarrow 2Cr^{3+}+6Fe^{3+}+7H_2O$$

因为过量的 $SnCl_2$ 会消耗滴定液,反应式为

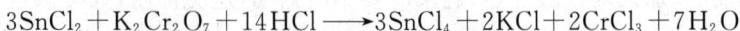

$$3SnCl_2+K_2Cr_2O_7+14HCl\longrightarrow 3SnCl_4+2KCl+2CrCl_3+7H_2O$$

所以滴加 $SnCl_2$ 使 Fe^{3+} 还原为 Fe^{2+} 时不可多加,$SnCl_2$ 用量可通过加入的甲基橙指示,稍微过量的 Sn^{2+} 可将甲基橙还原为氢化甲基橙而褪色,并能继续使氢化甲基橙还原成 N,N-二甲基对苯胺和对氨基苯磺酸钠,而除去略微过量的 Sn^{2+}。$K_2Cr_2O_7$ 标准溶液浓度及铁含量计算公式分别为

$$c_{K_2Cr_2O_7}=\frac{m_{K_2Cr_2O_7}\times 1\,000}{294.18\times V},\quad w_{Fe}/(\%)=\frac{6\times c_{K_2Cr_2O_7}V_{K_2Cr_2O_7}\times 55.84}{m_{样}\times 1\,000}\times 100$$

三、仪器与试剂

(1)分析天平(0.1 mg);酸式滴定管;称量瓶;锥形瓶;容量瓶;移液管。

(2)沙浴盘;烧杯;表面皿;量筒。

(3)$K_2Cr_2O_7$(基准试剂);$SnCl_2\cdot 2H_2O$(AR);浓盐酸(AR);H_2SO_4(AR);H_3PO_4(AR)。

(4)10%$SnCl_2$ 溶液:取 $SnCl_2\cdot 2H_2O$(AR)10 g,溶于 40 mL 热浓盐酸中,加水稀释至 100 mL。

(5)H_2SO_4-H_3PO_4 混合酸:取浓硫酸 150 mL,缓缓加入 700 mL 水中,冷却后加入浓磷酸 150 mL。

(6)0.1%甲基橙水溶液;0.2%二苯胺磺酸钠水溶液。

(7)样品:铁矿石粉。

四、实验步骤

1.$K_2Cr_2O_7$ 标准溶液的配制

取已干燥至恒重的 $K_2Cr_2O_7$(基准试剂)1.50 g,精密称定,置于小烧杯中,加水溶解后全

部转移至 500 mL 容量瓶中,用水稀释至刻度,摇匀,即得。

2.铁矿石中铁含量的测定

取铁矿石粉 1.0~1.5 g,精密称定,置于烧杯中,用水润湿。加入 20 mL 浓盐酸,盖上表面皿,在沙浴上加热使之分解完全(剩余残渣接近于白色)。稍冷用少量水洗表面皿及杯壁,冷却后全部转移至 250 mL 容量瓶,用蒸馏水稀释至刻度,摇匀。精密量取样品溶液 25 mL 于锥形瓶中,加浓盐酸 8 mL,加热至近沸,加入甲基橙溶液 6 滴,边摇瓶边慢慢滴加 10% SnCl₂ 溶液,溶液由橙红色变为红色,再慢慢滴加 5% SnCl₂ 溶液至溶液呈浅粉色,继续用力摇动,浅粉色褪去,立即加蒸馏水 50 mL 和 H₂SO₄-H₃PO₄ 混合酸 20 mL,用流水冷却至室温后,加入 0.2% 二苯胺磺酸钠水溶液 4 滴,立即用 K₂Cr₂O₇ 标准溶液滴定至紫红色(出现蓝灰色时再滴加一滴)即达终点。记录消耗 K₂Cr₂O₇ 标准溶液的体积,计算矿石中铁的含量。平行测定三份。

五、数据记录及处理

(略)

六、注意事项

(1)称完样品观察,如果是刚洗过的湿烧杯,样品已润湿则不必加水润湿。

(2)分解样品时,加入浓盐酸加热,近沸时要不时摇动,避免沸腾,如有黑色不溶残渣,可滴加 SnCl₂ 溶液约 1 mL 助溶。实验过程中应随时注意分解情况,有的分解很快,有的需加热 20~30 min。如样品中铁含量较高,样品分解后溶液呈红棕色,应滴加 SnCl₂ 溶液使溶液变成黄色。试样分解完全时,剩余残渣几乎接近白色(SiO₂)。

(3)加 SnCl₂ 还原时,如刚加入 SnCl₂ 红色立刻褪去,说明 SnCl₂ 已过量,可补加一滴甲基橙溶液,以除去稍微过量的 SnCl₂,溶液如呈浅粉色,尚可。如补加一滴甲基橙溶液后红色依然立刻褪去,则实验失败,需重做。注意:一定要在用力摇动下浅粉色褪去,此为实验成功的关键。

(4)蒸馏水和混合酸应在还原前准备好,一旦还原完毕,需立即加入。

(5)计算样品中铁含量时注意滴定时的量是称样量的 1/10。

七、思考题

(1)测定铁矿石中铁的主要原理是什么? 写出计算 Fe₂O₃ 含量的公式。

(2)为什么在用 SnCl₂ 还原 Fe³⁺ 之前要加酸,需加热而又不能沸腾? 如出现沸腾,对结果有什么影响? 如何控制 SnCl₂ 不过量?

实验 6　大豆中钙、镁、铁含量的测定

一、目的要求

(1)培养综合运用滴定分析法、分光光度法等分析测试方法的能力。

(2)了解大豆样品分解处理方法。

二、实验提要

大豆营养价值很高,兼有作为油料、粮食、副食品、饲料和工业原料等广泛的用途,在国民经济中占有很重要的地位。大豆中除了含有蛋白质等营养素外,无机盐的含量也十分丰富,如每 100 g 大豆中含有 Ca 367 mg,Mg 173 mg,Fe 11 mg,P 571 mg,K 1 810 mg 等。

采用干法消化大豆后,可用配位滴定法以 EDTA 为滴定剂,在碱性条件下,以钙指示剂指示终点,测定其中钙含量;在 pH＝10 的条件下以铬黑 T 为指示剂,可测定钙和镁的总量,试样中铁等元素的干扰可用适量的三乙醇胺掩蔽消除。铁的含量可用邻二氮菲分光光度法测定,磷的含量可用磷钒钼黄分光光度法测定。

三、仪器与试剂

(1)紫外-可见分光光度计;比色皿。

(2)分析天平;滴定管;移液管;容量瓶;锥形瓶。

(3)高温炉;蒸发皿;烧杯;表面皿;量筒。

(4)0.005 mol/L EDTA 标准溶液(参见第 3 章实验 13)。

(5)NH_3-NH_4Cl 缓冲液(pH＝10)(见第 3 章实验 13)。

(6)铬黑 T 指示剂(见第 3 章实验 13)。

(7)钙指示剂:按 1：100 与固体氯化钠混合研成粉末。

(8)20％NaOH 溶液;6 mol/L HCl 溶液;1 mol/L NaAc 溶液;三乙醇胺溶液(1：3)。

(9)100 mg/L 铁标准溶液(参见第 4 章实验 9)。

(10)0.15％邻二氮菲水溶液、10％盐酸羟胺水溶液(见第 4 章实验 9)。

四、实验步骤

1.试样的处理

在市场上购买的大豆用粉碎机粉碎后,称取 10~15 g 盛于蒸发皿中,置于高温炉中,先在100~200 ℃炭化完全后(无烟产生),再升至 650 ℃灼烧 2 h。取出冷却后,加入 6 mol/L HCl 溶液 10 mL,浸泡 20 min,并不断搅拌,静置沉降,过滤,滤液置于 250 mL 容量瓶中,用蒸馏水洗沉淀、蒸发皿数次。定容、摇匀,待用。

2.钙、镁含量的测定

(1)钙、镁总量的测定　精密量取上述溶液 20 mL 于 250 mL 锥形瓶中,加三乙醇胺溶液(1：3)5 mL,加水 50 mL,其余参见第 3 章实验 13。

(2)钙含量的测定　精密量取上述溶液 20 mL 于 250 mL 锥形瓶中,加三乙醇胺溶液(1：3)5 mL,加水 50 mL、20％ NaOH 溶液 5 mL 和少许钙指示剂,用 EDTA 标准溶液滴定至溶液由红色变为蓝色,即为终点。

(3)镁含量的测定　由钙、镁总量减去钙含量可得。

3.铁含量的测定

采用分光光度法,参见第 4 章实验 9。

五、思考题

(1)测量前为什么要将大豆粉碎?

(2)测定钙的含量和钙、镁总量时分别如何控制溶液的 pH 值?

实验 7　肉制品中亚硝酸盐含量的测定

一、目的要求

(1)掌握盐酸萘乙二胺光度法测定亚硝酸盐的原理和操作方法。

(2)熟悉肉制品的样品前处理方法。

(3)了解食品中亚硝酸盐的作用和危害。

二、基本原理

亚硝酸盐是常用的食品添加剂,添加到肉制品中可赋予食品鲜艳的红色,是很好的发色剂,同时对食品风味的产生也有一定作用。另外,亚硝酸盐还可在一定程度上抑制微生物的增殖,与食盐并用可增加抑菌效果。

亚硝酸盐摄入量过多会对人体产生毒害作用,使正常血红蛋白转变为高铁血红蛋白而失去携氧功能,导致组织缺氧,引起急性病症。

测定亚硝酸盐常用分光光度法。在弱酸性溶液中,亚硝酸盐与对氨基苯磺酸发生重氮化反应,生成重氮化合物,再与盐酸萘乙二胺偶联,生成紫红色的重氮染料。该染料在 540 nm 波长处的吸光度与亚硝酸盐的含量成正比,可用分光光度法测定。

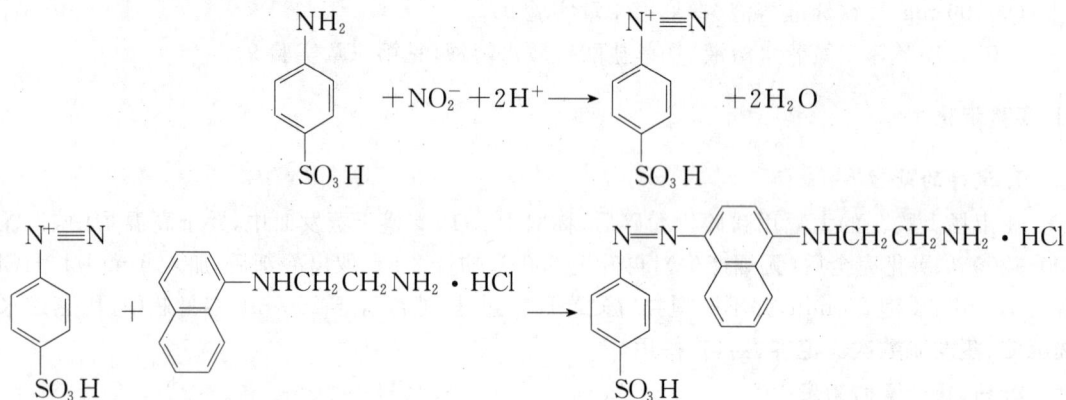

固体肉制品中的亚硝酸盐不能直接测定,需用硼砂溶液将其提取到水溶液中。此外,肉制品中还含有大量蛋白质、脂肪等干扰测定的物质,需用硼砂和硫酸锌溶液除去蛋白质,并用物理方法排除脂肪的干扰。

三、仪器与试剂

(1)紫外-可见分光光度计;比色皿(1 cm)。

(2)分析天平(0.1 mg);恒温水浴锅;小型绞肉机;50 mL 烧杯;250 mL 容量瓶;50 mL 容量瓶;吸量管;移液管。

(3)200 mg/L $NaNO_2$ 标准溶液:准确称取 0.100 0 g $NaNO_2$,加蒸馏水溶解后,完全转移至 500 mL 容量瓶中,加蒸馏水稀释至刻度,摇匀,避光保存。

(4)20 mg/L $NaNO_2$ 工作溶液:准确移取 200 mg/L $NaNO_2$ 标准溶液 10.0 mL 于 100 mL

容量瓶中,加蒸馏水稀释至刻度。

(5)饱和硼砂溶液;1 mol/L ZnSO₄溶液。

(6)4 g/L 对氨基苯磺酸溶液:称取 0.4 g 对氨基苯磺酸,加入 100 mL 6 mol/L 乙酸溶液溶解,置于棕色瓶中混匀,避光保存(新鲜配制)。

(7)2 g/L 盐酸萘乙二胺溶液:称取 0.2 g 盐酸萘乙二胺,加入 100 mL 蒸馏水溶解,混匀,置于棕色瓶中,避光保存(新鲜配制)。

四、实验步骤

1. 样品预处理

将肉制品(如香肠、腌肉)放入绞肉机中绞碎混匀,取约 5 g,精密称定,置于 50 mL 烧杯中,加入 12 mL 饱和硼砂溶液,搅拌均匀。然后,用 100～150 mL 70 ℃以上的热水分次将烧杯中的试样全部洗入 250 mL 容量瓶中,置于沸水浴中加热 15 min,取出。在轻轻摇动下滴加 1 mol/L ZnSO₄溶液 2.5 mL,使蛋白质沉淀。冷却至室温后,加蒸馏水至刻度,摇匀。放置 10 min 后,弃去上层脂肪,取上清液并用滤纸或脱脂棉过滤,弃去最初 10 mL 滤液。滤液必须澄清,供测定用。

2. 标准曲线的制作

准确移取 0 mL、0.4 mL、0.8 mL、1.2 mL、1.6 mL、2.0 mL 20 mg/L NaNO₂工作溶液,分别置于 50 mL 容量瓶中,各加蒸馏水 30 mL,再分别加入 2.0 mL 对氨基苯磺酸溶液,摇匀。静置 3 min 后,分别加入 1.0 mL 盐酸萘乙二胺溶液,加蒸馏水稀释至刻度,摇匀。在暗处静置 15 min,用 1 cm 比色皿,以试剂空白为参比,在 540 nm 波长处测定各溶液的吸光度。以 NaNO₂的质量浓度为横坐标,吸光度为纵坐标,绘制标准曲线或计算回归方程。

3. 样品测定

准确移取经预处理后所得滤液 30.00 mL(试液加入量可视样品中亚硝酸盐含量多少加以调整)于 50 mL 容量瓶中,按照标准曲线制作项下相应的方法操作,直至测定出试液的吸光度 A。从标准曲线上读出或由回归方程计算出试液中亚硝酸盐的含量(以 NaNO₂质量计)。最后,计算出样品中亚硝酸盐的含量。

五、数据记录及处理

标准曲线数据:

容量瓶编号	1	2	3	4	5	6
加入工作溶液的体积 V/mL	0.00	0.40	0.80	1.20	1.60	2.00
$A_{540\ nm}$						

样品测定数据:

样品质量 m/g:_____。

试液体积 V/mL:_____。

定容体积 V'/mL:_____。

吸光度 $A_{540\ nm}$:_____。

试液中亚硝酸钠的质量浓度 ρ/(mg/L):_____。

样品中亚硝酸钠的含量 w/(mg/kg):_____。

六、注意事项

(1)配制的标准溶液和各种试剂不宜久存。

(2)亚硝酸盐容易氧化成硝酸盐,处理试样过程中要注意控制加热时间和温度。

(3)本法测量所得结果中不包括试样中硝酸盐的含量。

七、思考题

(1)亚硝酸盐作为食品添加剂,有哪些作用和危害?

(2)本法加入硼砂溶液和硫酸锌溶液分别起什么作用?

(3)过滤时,为什么要弃去最初的 10 mL 滤液?

(4)通过网络或图书馆资料,查阅肉制品中亚硝酸钠含量允许值的相关国家标准。

实验 8　双波长分光光度法测定安钠咖注射液中咖啡因的含量

一、目的要求

(1)了解双波长分光光度法测定二元混合物中待测组分含量的原理和方法。

(2)熟悉选择测定波长(λ_1)和参比波长(λ_2)的方法。

(3)学会在单波长分光光度计上进行双波长法的测定。

二、基本原理

安钠咖注射液由无水咖啡因和苯甲酸钠组成,其紫外吸收光谱如图 5-3 所示。

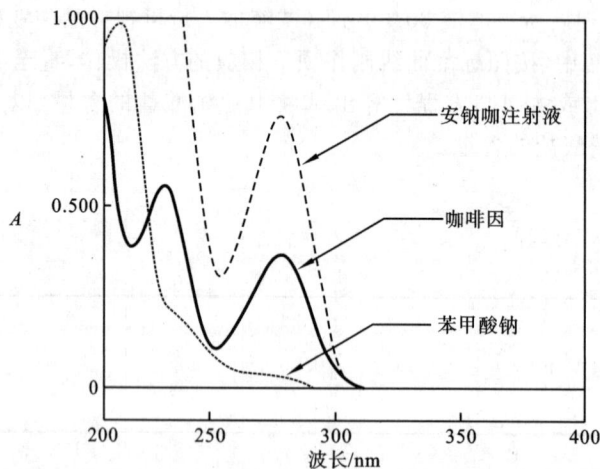

图 5-3　安钠咖注射液紫外吸收光谱

紫外吸收光谱表明咖啡因的吸收峰在 272 nm 处,苯甲酸钠的吸收峰在 230 nm 处。若测定咖啡因,从光谱上可知干扰组分苯甲酸钠在 272 nm 和 253 nm 波长处的吸光度相等,则

$$\Delta A = A_{272\,nm}^{咖+苯} - A_{253\,nm}^{咖+苯} = A_{272\,nm}^{咖} + A_{272\,nm}^{苯} - A_{253\,nm}^{咖} - A_{253\,nm}^{苯}$$

$$= A_{272\,nm}^{咖} - A_{253\,nm}^{咖} \qquad (因 A_{272\,nm}^{苯} = A_{253\,nm}^{苯})$$

$$= \varepsilon_{272\,nm}^{咖} c_{咖}\, b - \varepsilon_{253\,nm}^{咖} c_{咖}\, b$$

$$= (\varepsilon_{272\,nm}^{咖} - \varepsilon_{253\,nm}^{咖}) c_{咖}\, b$$

$$= \Delta\varepsilon_{咖}\, c_{咖}\, b$$

式中：ΔA 为混合物在 272 nm 和 253 nm 波长处的吸光度之差，272 nm 和 253 nm 为干扰组分苯甲酸钠的等吸收波长；$\varepsilon_{272\,nm}^{咖}$、$\varepsilon_{253\,nm}^{咖}$ 分别为被测组分在 272 nm 和 253 nm 波长处的吸光系数（用对照品测得）；$c_{咖}$ 为被测组分的浓度；b 为比色皿厚度。

ΔA 仅与咖啡因浓度成正比，而与苯甲酸钠浓度无关，从而测得咖啡因的浓度。计算公式为

$$\frac{\Delta A_{样}}{\Delta A_{标}} = \frac{\Delta\varepsilon c_{样}\, b}{\Delta\varepsilon c_{标}\, b} = \frac{c_{样}}{c_{标}}$$

三、仪器与试剂

（1）紫外-可见分光光度计；石英比色皿。

（2）分析天平；容量瓶；吸量管。

（3）咖啡因对照品；苯甲酸钠对照品。

（4）样品：安钠咖注射液（1 mL 中含无水咖啡因 0.12 g、苯甲酸钠 0.13 g）。

四、实验步骤

（1）标准储备液的制备：取咖啡因和苯甲酸钠各 0.1 g，精密称定，分别置于 100 mL 容量瓶中，用蒸馏水溶解，并稀释至刻度，摇匀，即得浓度为 1 mg/mL 的标准储备液，置于冰箱中保存。

（2）咖啡因标准溶液的制备：准确量取咖啡因标准储备液 1.0 mL，置于 100 mL 容量瓶中，加水稀释至刻度，摇匀，即得。

（3）苯甲酸钠标准溶液的制备：准确量取苯甲酸钠标准储备液 1.0 mL，置于 100 mL 容量瓶中，加水稀释至刻度，摇匀，即得。

（4）供试品溶液的制备：准确量取安钠咖注射液 1.0 mL，置于 100 mL 容量瓶中，加水稀释至刻度，摇匀。准确量取该溶液 1.0 mL，置于 10 mL 容量瓶中，加水稀释至刻度，摇匀。

（5）咖啡因和苯甲酸钠标准溶液紫外吸收光谱的测定：在紫外-可见分光光度计上，分别取咖啡因和苯甲酸钠标准溶液于 1 cm 石英比色皿中，以蒸馏水为空白，在 200～400 nm 范围内，扫描出紫外吸收光谱。

（6）干扰组分等吸收波长的选择：从苯甲酸钠吸收光谱图上找出等吸收波长 λ_1 和 λ_2，其中 λ_1 尽量与咖啡因的最大吸收波长一致。

（7）咖啡因标准溶液的 $\Delta A_{标}$ 值测定：在紫外-可见分光光度计上，取咖啡因标准溶液于 1 cm 石英比色皿中，以蒸馏水为空白，在 λ_1 和 λ_2 处分别测其吸光度。

（8）安钠咖样品溶液的 $\Delta A_{样}$ 值测定：在紫外-可见分光光度计上，取安钠咖样品溶液于 1 cm 石英比色皿中，以蒸馏水为空白，在 λ_1 和 λ_2 处分别测其吸光度。

（9）计算标示量百分含量，并判断产品是否合格。

$$咖啡因标示量百分含量/(\%) = \frac{c_{样} \times 稀释倍数}{标示量} \times 100$$

咖啡因标示量百分含量应在 95％～105％范围内。

五、思考题

(1)为什么双波长分光光度法可以不经分离直接测定二元混合物中待测组分的含量?

(2)选择等吸收波长的原则是什么?怎样从吸收光谱图上选择等吸收波长?

实验 9　微量萃取分离-紫外分光光度法测定饮料中咖啡因含量

一、目的要求

(1)深入了解紫外分光光度法的应用。

(2)了解微量萃取分离的基本原理和操作方法。

二、基本原理

咖啡因是一种生物碱,又名咖啡碱(化学名称为 1,3,7-三甲基-2,6-二氧嘌呤)。它是一种具有药理活性的物质,在通常的饮料(如咖啡、茶、可乐)以及头痛药、止疼药中都有咖啡因成分。人体摄入适量的咖啡因有祛除疲劳、兴奋神经等作用,但大量或长期摄取咖啡因有损人体的健康。

咖啡因对紫外光有强烈的吸收,其三氯甲烷溶液的最大吸收峰位于 278 nm 波长处。因此,可用紫外分光光度法测定咖啡因的含量。

由于许多饮料本身具有很深的颜色,或者饮料中含有大量的干扰物质,如糖类、有机酸等,在紫外区也有吸收,故往往不能直接测定,必须事先进行分离。常用有机溶剂萃取法进行分离,离心萃取目前多用于咖啡因工业生产中,依靠高速旋转实现两相的混合和分离,两相间可快速达到平衡,随即快速分离。

本实验采用微型化的样品前处理方法,将微型离心萃取应用到咖啡因的分离测定中,消耗溶剂量少,绿色环保,方法简便快速。

三、仪器与试剂

(1)紫外-可见分光光度计;石英比色皿(1 cm);250 μL 微量进样器(或 100 μL 移液器);离心机;5 mL 具塞离心试管;吸量管;50 mL 容量瓶;滴管。

(2)1 000 mg/L 咖啡因标准溶液:准确称取 0.100 0 g 咖啡因标准品,用三氯甲烷溶解后定容于 100 mL 容量瓶中。

(3)100 mg/L 咖啡因工作溶液:精密移取 1 000 mg/L 咖啡因标准溶液 10.00 mL 于 100 mL 容量瓶中,用三氯甲烷稀释至刻度,充分摇匀。

(4)三氯甲烷;饮料样品(茶、咖啡或可乐)。

四、实验步骤

1.描绘吸收曲线

精密移取 100 mg/L 咖啡因工作溶液 10.0 mL 于 50 mL 容量瓶中,加三氯甲烷稀释至刻度,充分摇匀。用 1 cm 石英比色皿盛装,以三氯甲烷为参比溶液,按仪器使用方法进行操作。在 230～330 nm 波长范围内测定吸光度,以波长为横坐标,吸光度为纵坐标,绘制吸收曲线,并根据吸收曲线确定最大吸收波长。

2. 标准曲线的绘制

在 6 个 50 mL 容量瓶中,用吸量管分别加入 0 mL、2.0 mL、4.0 mL、6.0 mL、8.0 mL、10.0 mL 100 mg/L 咖啡因工作溶液,用三氯甲烷稀释至刻度,充分摇匀。用 1 cm 石英比色皿盛装,以三氯甲烷为参比溶液,在上述最大吸收波长处分别测定各溶液的吸光度,绘制 $A\text{-}c$ 标准曲线或计算回归方程。

3. 样品处理及测定

用微量进样器准确量取 200 μL 饮料样品至 5 mL 具塞离心试管中,加入 3.0 mL 三氯甲烷,盖上管塞,手持振荡 1 min。在离心机中以 2000 r/min 转速离心 3 min,取出后用滴管吸取下层清液于比色皿中,以三氯甲烷为参比,在选定的波长下测定吸光度 A。从标准曲线上读出或由回归方程计算出萃取液中咖啡因的质量浓度,并计算样品中咖啡因的含量。

五、数据记录及处理

吸收曲线数据:

λ/nm	230	240	250	260	270	280
A						
λ/nm	290	300	310	320	330	
A						

标准曲线数据:

容量瓶编号	1	2	3	4	5	6
加入工作溶液的体积 V/mL	0.00	2.00	4.00	6.00	8.00	10.00
$\rho_{咖啡因}$/(mg/L)						
A						

样品测定数据:

样品体积 V'/μL:_____。

萃取剂体积 V/mL:_____。

吸光度 A:_____。

萃取剂中咖啡因的质量浓度 $\rho_{咖啡因}$/(mg/L):_____。

样品中咖啡因的质量浓度 $\rho'_{咖啡因}$/(mg/L):_____。

六、注意事项

(1)三氯甲烷有较高的蒸气压,易挥发,在手持振荡过程中务必盖紧管塞,避免溢出;在上机测定时应快速,避免溶剂挥发造成结果不准确,必要时可用盖玻片将比色皿盖上。

(2)可乐等充气饮料在测定前应做脱气处理,取少量样品于小烧杯中,用超声清洗器在常温下超声脱气 1~2 min。若无超声清洗器,也可用真空脱气或加热振荡脱气等方法。

七、思考题

(1)为什么本实验中样品要经萃取分离再进行测定?

　　(2)微萃取和常规的液-液萃取相比有哪些优点？

　　(3)常规萃取后的分相方法是什么？本实验用离心分相，有什么优点？

实验10　蔬菜、水果中总抗坏血酸的测定方法(GB/T 12392—1990)

一、目的要求

　　(1)学习荧光法定量测定抗坏血酸的含量的原理与方法。

　　(2)熟悉荧光分光光度计的基本操作。

二、基本原理

　　样品中还原性抗坏血酸经活性炭氧化为脱氢抗坏血酸后，与邻苯二胺(OPDA)反应生成有荧光的喹喔啉(quinoxaline)，其荧光强度与脱氢抗坏血酸的浓度在一定条件下成正比，以此测定食物中抗坏血酸和脱氢抗坏血酸的总量。

　　脱氢抗坏血酸与硼酸可形成复合物而不与邻苯二胺反应，以此排除样品中荧光杂质产生的干扰，本方法最小检出限为 0.022 mg/L。

　　该国家标准参照采用国际标准 ISO 6557/1—1986《蔬菜、水果及其制品中抗坏血酸的测定方法》。采用标准曲线法，以系列标准液荧光强度分别减去标准空白荧光强度为纵坐标，对应的抗坏血酸含量为横坐标，绘制标准曲线，样品溶液荧光强度分别减去相应样品溶液空白荧光强度，由标准曲线得溶液浓度，按下列公式计算样品中抗坏血酸及脱氢抗坏血酸总含量。

$$w = CV/m \times D \times 100/1\,000$$

式中：w 为样品中抗坏血酸及脱氢抗坏血酸总含量(mg/100 g)；C 为由标准曲线查得或由回归方程算得样品溶液浓度(mg/L)；m 为试样质量(g)；D 为样品溶液的稀释倍数；V 为荧光反应所用试样体积(mL)。

三、仪器与试剂

　　(1)荧光分光光度计；捣碎机；实验室常用设备。

　　(2)偏磷酸-乙酸溶液：称取 15 g 偏磷酸，加入 40 mL 冰乙酸及 250 mL 水，加热，搅拌，使之逐渐溶解，冷却后加水至 500 mL。于 4 ℃冰箱可保存 7～10 d。

　　(3)0.15 mol/L 硫酸溶液：取 10 mL 浓硫酸，小心加入水中，再加水稀释至 1 200 mL。

　　(4)偏磷酸-乙酸-硫酸溶液：以 0.15 mol/L 硫酸溶液为稀释液，其余同(2)配制。

　　(5)50%乙酸钠溶液：称取 500 g 乙酸钠($CH_3COONa \cdot 3H_2O$)，加水至 1 000 mL。

　　(6)硼酸-乙酸钠溶液：称取 3 g 硼酸，溶于 100 mL 乙酸钠溶液中。临用前配制。

　　(7)邻苯二胺溶液：称取 20 mg 邻苯二胺，于临用前用水稀释至 100 mL。

　　(8)1 g/L 抗坏血酸标准溶液(临用前配制)：准确称取 50 mg 抗坏血酸，用偏磷酸-乙酸溶液溶于 50 mL 容量瓶中，并稀释至刻度。

　　(9)100 mg/L 抗坏血酸标准溶液：取 10 mL 1 g/L 抗坏血酸标准溶液，用偏磷酸-乙酸溶液稀释至 100 mL(定容前试 pH 值，若其 pH>2.2，则用偏磷酸-乙酸-硫酸溶液稀释)。

　　(10)0.04%百里酚蓝指示剂：称取 0.1 g 百里酚蓝，加 0.02 mol/L 氢氧化钠溶液，在玻璃研钵中研磨至溶解，氢氧化钠溶液的用量约为 10.75 mL，磨溶后用水稀释至 250 mL。百里酚蓝指示剂的变色范围:pH=1.2 为红色,pH=2.8 为黄色,pH>4 为蓝色。

(11)活性炭的活化:加 200 g 炭粉于 1 L 1 mol/L 盐酸中,加热回流 1~2 h,过滤,用水洗至滤液中无铁离子为止,置于 110~120 ℃烘箱中干燥,备用。

四、实验步骤

1. 样品液的制备

称取鲜样 100 g,加偏磷酸-乙酸溶液 100 mL,倒入捣碎机内打成匀浆,用百里酚蓝指示剂调试匀浆酸碱度。如呈红色,即可用偏磷酸-乙酸溶液稀释;若呈黄色或蓝色,则用偏磷酸-乙酸-硫酸溶液稀释,使其 pH=1.2(匀浆的取量需根据样品中抗坏血酸的含量而定。样品液含量在 40~100 mg/L,一般取 20 g 匀浆,用偏磷酸-乙酸溶液稀释至 100 mL,过滤,滤液备用)。

2. 氧化处理

取上述样品滤液及 100 mg/L 抗坏血酸标准溶液各 100 mL 于 250 mL 带塞锥形瓶中,加 2 g 活性炭,用力振摇 1 min,过滤,弃去 5 mL 初滤液,分别收集其余全部滤液,即样品氧化液和标准品氧化液,待测定。

3. 用量及空白液配制

取标准氧化液 10 mL 两份,装于两个 100 mL 容量瓶中,分别标明"标准"及"标准空白"。取样品氧化液 10 mL 两份,装于两个 100 mL 容量瓶中,分别标明"样品"及"样品空白"。于"标准空白"及"样品空白"溶液中各加硼酸-乙酸钠溶液 5 mL,摇动 15 min,用水稀释至 100 mL,在 4 ℃冰箱中放置 2~3 h,取出备用。于"样品"及"标准"溶液中各加入 50％乙酸钠溶液 5 mL,用水稀释至 100 mL,备用。

4. 荧光反应及强度的测定

准确量取上述"标准"溶液(抗坏血酸含量 10 mg/L)0.5 mL、1.0 mL、1.5 mL、2.0 mL,分别置于 10 mL 带塞比色管中,在暗室迅速向各管中加入邻苯二胺溶液 5 mL,定容至 10 mL。振摇混合,在室温下反应 35 min,于激发波长 338 nm、发射波长 420 nm 处测定荧光强度。取"3"中"标准空白"溶液、"样品空白"溶液及"样品"溶液各 2 mL,分别置于 10 mL 带塞比色管中,按标准溶液同样处理后进行测定。

五、思考题

(1)抗坏血酸标准溶液为什么要临用前配制?

(2)本实验如何消除样品中其他荧光杂质产生的干扰?

(3)查阅文献,看看还有什么方法能测定蔬菜、水果及其制品中总抗坏血酸含量,并对不同方法的优、缺点进行比较。

实验 11　离子交换树脂交换容量的测定

一、目的要求

(1)掌握离子交换色谱法的柱上操作技术。

(2)了解离子交换树脂的性质及在分析化学中的应用。

(3)熟悉离子交换树脂交换容量的意义及测定方法。

二、基本原理

离子交换树脂是具有网状结构的有机高分子化合物,通常由苯乙烯和二乙烯苯聚合而成。网状结构的骨架一般很稳定,不溶于酸、碱和一般溶剂。在网状结构上有很多可被交换的活性基团。根据活性基团的不同,树脂可分为阳离子交换树脂(含有—SO_3H、—COOH、—OH 等)和阴离子交换树脂(含有—$N(CH_3)_2$、—NH_2、—$NHCH_3$ 等)。根据酸性基团和碱性基团的酸碱性强弱,又可分为强酸性、弱酸性阳离子交换树脂,强碱性、弱碱性阴离子交换树脂。

离子交换反应在分析化学中主要应用于分离和富集两个方面。因为阳离子交换树脂上能交换阳离子,阴离子交换树脂上能交换阴离子,故可以进行阴、阳离子的分离。

另外,根据离子对树脂亲和力的不同,可以用于分离同性电荷的离子(同为阳离子或同为阴离子)的各种组分,这种分离方法称为离子交换色谱法。

当测定组分的含量很低时,可以通过离子交换反应进行浓缩。例如,分析海水、江水中的某种组分时,可以将大体积的水样通过离子交换树脂,使被测组分保留在树脂上,然后用小体积的洗脱液洗脱,这样被测组分就得以浓缩了。

交换容量是表示单位质量或体积的树脂所能交换离子(相当于一价离子)的物质的量。它反映离子交换树脂交换能力的大小,是衡量离子交换树脂性能的重要参数。一般使用的树脂交换容量为 $3\sim6$ mmol/g(干树脂)或 $1\sim2$ mmol/g(湿树脂)。交换容量可分为全交换容量和工作交换容量(也称操作交换容量)。树脂所含可交换离子全部发生交换反应称为全交换容量,代表树脂中所有交换基团的总数,它是树脂的特征常数,不随实验条件的变化而变化。在一定操作条件下实际测得的交换容量称为工作交换容量。它是指在实际操作条件下单位体积(或质量)树脂中实际参加交换反应的活性基团数。它的大小不是固定的,而是与溶液的离子浓度、树脂床的高度、流速、树脂粒度的大小以及交换基团的类型等因素有关。

为了测定树脂的交换容量,将一定量已洗至中性的 H^+ 型树脂装入交换柱中,然后用 Na_2SO_4 交换,Na^+ 与交换柱中树脂上的 H^+ 进行交换,离子交换的反应式为

$$RH+Na^+ \Longrightarrow RNa+H^+$$

交换下来的 H^+ 用已知浓度的 NaOH 标准溶液滴定。滴定反应的离子反应式为

$$H^++OH^- \Longrightarrow H_2O$$

根据 NaOH 标准溶液的浓度和滴定消耗的体积计算交换容量。

表 5-1 列出了常用的离子交换树脂。本实验所用树脂是国产 732 型强酸性阳离子交换树脂。交换柱的装置如图 5-2 所示,其中(a)就是用普通的滴定管制成的交换柱;(b)则是特制的交换柱,其曲管顶端比树脂面高出数厘米,可以防止液体流干,让树脂始终浸泡在液体中。

树脂交换容量的计算公式为

$$交换容量/(mmol/g)=\frac{c_{NaOH}V_{NaOH}\times\frac{250.0}{25.00}}{m_{树脂}}$$

式中:c_{NaOH} 为 NaOH 标准溶液的浓度(mol/L);V_{NaOH} 为达到滴定终点时消耗的 NaOH 标准溶液的体积(mL);$m_{树脂}$ 为交换柱中树脂的质量(g)。

三、仪器与试剂

(1)分析天平(0.1 mg);托盘天平(0.1 g);碱式滴定管;离子交换柱;烧杯;25 mL 移液管;

250 mL 容量瓶;250 mL 锥形瓶。

(2)732 型强酸性阳离子交换树脂(见表 5-1);0.1 mol/L NaOH 标准溶液,邻苯二甲酸氢钾(同第 3 章实验 5);0.2%酚酞指示剂(同第 3 章实验 4);2 mol/L HCl 溶液;0.5 mol/L Na₂SO₄溶液。

表 5-1 常用离子交换树脂的牌号和用途

分 类			活 性 基 团	商品牌号示例	应 用
阳离子交换树脂	强酸性	聚苯乙烯型	磺酸基—SO₃H	中国:强酸 732,强酸 1×12 美国:Dowex50,Amberlite IR-120 英国:Zerolite225 日本:神胶 1 号	交换阳离子,制取纯水
		酚醛型	磺酸基—SO₃H	中国:强酸 42 英国:Zerolite215	
	弱酸性		羧基—COOH 酚羟基—OH	中国:弱酸 724,弱酸 101×4 美国:Amberlite IRC-50 英国:Zerolite226	有机碱的分离
阴离子交换树脂	强碱性聚苯乙烯型		季铵基≡NCl	中国:强碱 717,强碱 201×7 美国:Amberlite IRA-400 英国:Zerolite FF 日本:神胶 801	交换阴离子或金属阴离子配合物,制取纯水
	弱碱性		伯胺基—NH₂ 仲胺基≡NH 叔胺基≡N	中国:弱碱 704,弱碱 330 美国:Amberlite IR-45	有机酸的分离

四、实验步骤

1.0.1 mol/L NaOH 标准溶液的标定

同第 3 章实验 5。

2.树脂的准备

称取 10.0 g 732 型强酸性阳离子交换树脂(干树脂)于 50 mL 烧杯中,加 20 mL 2 mol/L HCl 溶液浸泡,使树脂充分溶胀并完全转变成 H⁺型。一周后,用蒸馏水把小烧杯中以 HCl 溶液浸泡的树脂洗至近中性(pH 试纸检查)。

3.装柱

把交换柱洗净后,将润湿的玻璃棉或泡沫塑料用玻璃棒塞在柱的下端(不要太紧),如图 5-2 所示。加入蒸馏水,用玻璃棒捣去气泡。将已洗至近中性的树脂连水加入柱中,要防止混入气泡。为了防止加试液时树脂被冲起,在上面放一层玻璃丝。在装柱和以后的使用过程中,必须使树脂层始终浸泡在液面以下(如果树脂上层的液体流干,树脂层中就会进入气泡,阻碍溶液与树脂接触)。如果装柱时发现树脂层中留有气泡,补救的办法是用足量的水淹没树脂层,以细玻璃棒搅动树脂逐出气泡。如果这样仍不能解决问题,就应重新装柱。树脂全部转入柱内后,再用蒸馏水洗树脂至流出液为中性(与所用蒸馏水 pH 值相同)。调节流速为

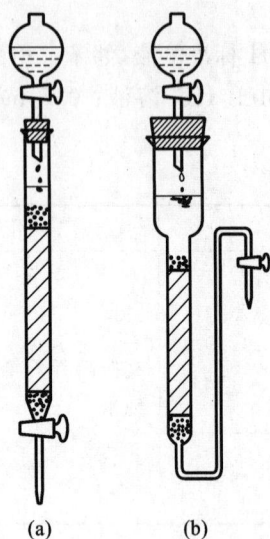

图 5-2　离子交换柱

1 mL/min,然后放出多余的水(柱内树脂上方留有约 0.5 cm 高水柱)。

4. 交换

向交换柱中逐渐加入 0.5 mol/L Na_2SO_4 溶液,用 250 mL 容量瓶收集流出液,检查流出液(50～100 mL)的 pH 值。当流出液呈中性时,用 40～50 mL 水淋洗交换柱,一并收集流出液。然后在容量瓶中加水稀释至刻度,摇匀。

用移液管吸取 25.00 mL 流出液于锥形瓶中,加酚酞指示剂 2 滴,用 0.1 mol/L NaOH 标准溶液滴定到微红色(30 s 不褪色),记下消耗的 NaOH 标准溶液的体积。平行滴定三次。

五、思考题

(1)什么是离子交换树脂的交换容量?它的测定原理是什么?

(2)树脂层中为何不能有气泡存在?怎样排除气泡?

(3)交换树脂可以反复使用吗?如何使树脂再生?

(4)如何使阳离子交换树脂转变成 Na^+ 型或 NH_4^+ 型,使阴离子交换树脂转变成 Cl^- 型或 OH^- 型?

实验 12　纸层析法分离 Ni^{2+}、Co^{2+}、Cu^{2+}、Fe^{3+}、Mn^{2+} 等金属离子

一、目的要求

(1)掌握纸层析法的基本操作。

(2)学会 R_f 值的计算。

二、基本原理

本实验是利用纸层析法在层析滤纸上分离无机金属离子 Ni^{2+}、Co^{2+}、Cu^{2+}、Fe^{3+}、Mn^{2+} 等的氯化物溶液。展开剂为丙酮和盐酸混合剂,以红胺酸为显色剂。上述五种离子的斑点颜色和 R_f 值分别为:Ni^{2+} 蓝色,$R_f=0.01$;Mn^{2+} 黑灰色,$R_f=0.40$;Fe^{3+} 黄棕色,$R_f=0.97$;Cu^{2+} 灰绿色,$R_f=0.72$;Co^{2+} 棕色,$R_f=0.54$。

三、仪器与试剂

层析滤纸;电吹风(或烘箱);剪刀;铅笔;尺子;培养皿;小型喷雾器;毛细管(直径 0.5 mm);镊子;圆规。

混合液:Ni^{2+}、Co^{2+}、Cu^{2+}、Fe^{3+}、Mn^{2+} 等离子的氯化物溶液(1 mol/L)。

显色剂:0.5%红胺酸乙醇溶液。

展开剂:丙酮-浓盐酸(体积比 92:8)。

氨水(浓)。

四、实验步骤

参见第 4 章实验 20。

五、数据记录及处理

滤纸干燥后，找出各有色斑点的中心点，量出各中心点与原点之间的距离，再量出溶剂前沿与原点之间的距离，计算出各种金属离子的 R_f 值。

实验 13　气相色谱法测定麝香祛痛搽剂中樟脑、薄荷脑、冰片含量

一、目的要求

(1)掌握内标法测定供试品中主成分含量的方法。

(2)了解气相色谱法在药物制剂含量测定中的应用。

(3)初步掌握毛细管柱气相色谱仪的操作。

二、基本原理

(1)麝香祛痛搽剂是一种外用液体制剂，《中国药典》(2015 年版)规定其每 1 mL 含樟脑($C_{10}H_{16}O$)应为 25.5～34.5 mg，含薄荷脑($C_{10}H_{20}O$)应为 8.5～11.5 mg，含冰片($C_{10}H_{18}O$)应为 17.0～23.0 mg。

(2)用内标法测定供试品中主成分含量时，根据各品种项下的规定，分别配制测定校正因子用的对照品溶液和供试品溶液。各取一定量注入仪器，记录色谱图。测量对照品、内标物质的峰面积或峰高，计算公式见第 4 章实验 23。

三、仪器与试剂

(1)气相色谱仪(FID)；5 μL 微量注射器；分析天平(0.01 mg)等。

(2)樟脑对照品；薄荷脑对照品；冰片对照品；麝香祛痛搽剂；无水乙醇等。

四、实验步骤

1.色谱条件

色谱柱：PEG-20M 毛细管柱(长 30 m，内径 0.53 mm，膜厚 1.0 μm)，理论塔板数按樟脑峰计算不得小于 120 000。柱温：160 ℃。氢火焰离子化检测器温度：250 ℃。载气为 N_2，流量 5～15 mL/min，尾吹流量 15～40 mL/min。汽化室温度：230 ℃。

2.溶液配制

(1)测定校正因子用对照品溶液的配制　精密称取内标物萘，加无水乙醇制成每升含 4 g 的溶液作为内标溶液。准确称取对照品樟脑 6 mg、薄荷脑 2 mg、冰片 4 mg，置于同一 10 mL 容量瓶中，准确加入内标溶液 1 mL，加无水乙醇至刻度，摇匀，即得。

(2)供试品溶液制备　准确量取待测样品 1 mL，置于 50 mL 容量瓶中，准确加入内标溶液 5 mL，加无水乙醇稀释到刻度，摇匀，即得。

3.样品测定

(1)取上述测定校正因子用对照品溶液 1 μL,注入气相色谱仪,测定,记录色谱图。

(2)取供试品溶液 1 μL,注入气相色谱仪,测定,记录色谱图。

4.结果计算

用内标校正因子法以色谱峰面积计算供试品中樟脑、薄荷脑、冰片(以龙脑、异龙脑峰面积之和计算)的含量。

五、思考题

在什么情况下可以采用内标校正因子法进行计算?

实验 14　高效液相色谱法对混合样品的定性分析

一、目的要求

(1)熟悉高效液相色谱法的仪器结构及基本操作。

(2)掌握高效液相色谱法对化合物进行分离与定性分析的方法。

二、基本原理

高效液相色谱法利用试样中各组分在流动相和固定相之间的分配系数不同而使之分离。当试样随流动相进入色谱柱后,组分就在两相间进行反复多次($10^3 \sim 10^6$)的分配。由于固定相对各种组分的吸附能力不同,各组分在色谱柱中的运行速度就不同,经过一定柱长后彼此分离,依次从色谱柱流出,通过检测器时样品浓度被转换成电信号传送到记录仪。

三、仪器与试剂

(1)高效液相色谱仪(带紫外检测器);微量注射器或自动进样器。

(2)C_{18} 反相键合相色谱柱($\phi 4.6$ mm×150 mm,5 μm)。

(3)溶剂过滤器(0.45 μm)及脱气装置;容量瓶;分析天平;吸量管。

(4)甲醇(色谱纯);苯、甲苯、水杨酸甲酯、对乙酰苯甲酸(均为 AR 级);超纯水(本实验所有用水均为超纯水)。

(5)供试品溶液:苯-甲苯-水杨酸甲酯-对乙酰苯甲酸的混合溶液。

四、实验步骤

1.实验准备

(1)流动相的配制　量取甲醇和水(体积比 80∶20),混合后,用 0.45 μm 滤膜过滤,脱气。

(2)对照品溶液的配制　取苯、甲苯、水杨酸甲酯、对乙酰苯甲酸各 100 mg,分别置于 4 个 100 mL 容量瓶中,用甲醇定容至刻度,摇匀,分别得到 1 mg/mL 苯、甲苯、水杨酸甲酯及对乙酰苯甲酸的储备液。另取 4 个 100 mL 容量瓶,分别加入上述储备液 10 mL,用甲醇定容至刻度,摇匀,得到 4 种物质的对照品溶液。用 0.45 μm 滤膜过滤,备用。

(3)供试品溶液的配制　取 1 个 100 mL 容量瓶,加入苯、甲苯、水杨酸甲酯、对乙酰苯甲酸储备液各 10 mL,混匀,用甲醇定容至刻度,摇匀。用 0.45 μm 滤膜过滤,待测。

2.测定

(1)开机　按仪器操作规程操作,依次打开计算机、色谱仪各组件电源,待仪器自检通过,安装色谱柱,设置色谱条件。

(2)色谱条件(参考)　色谱柱:C_{18}反相键合相色谱柱($\phi4.6$ mm×150 mm,5 μm)。柱温:30 ℃。流动相:甲醇-水(80∶20)。流速:1 mL/min。检测波长:254 nm。

(3)平衡　待基线平直。

(4)进样分析　用微量注射器准确量取对照品和供试品溶液各 10 μL,分别注入高效液相色谱仪,记录色谱图。根据对照品和供试品溶液色谱图上对应峰的保留时间,对以上 4 种成分进行定性分析。

3.仪器复原

实验完毕,根据要求,用纯甲醇冲洗色谱柱后,关机,做好使用记录。

五、数据记录及处理

以甲醇-水(80∶20)为流动相,分别对苯、甲苯、水杨酸甲酯、对乙酰苯甲酸作定性分析,得到以下数据:

溶液	组　分　名	t_R	结论
对照品	苯		
	甲苯		—
	水杨酸甲酯		
	对乙酰苯甲酸		
供试品	未知峰 1		
	未知峰 2		
	未知峰 3		
	未知峰 4		

六、思考题

(1)高效液相色谱法的定性依据是什么? 有哪些常用定性方法?

(2)用高效液相色谱法进行定性分析有哪些注意事项?

实验 15　混合磷酸盐分析(设计性)

一、目的要求

(1)巩固水溶液中酸碱滴定法测定含量的应用。

(2)巩固双指示剂法用于混合物组成判断与组分含量测定的原理和方法。

(3)巩固滴定分析器皿的规范使用。

二、实验提要

(1)设计实验方案,分析判断混合磷酸盐的组分,并测定各组分含量。

提示：实验方案应包括基本原理、仪器与试剂、操作步骤(含所用标准溶液的配制与标定)。

(2)完成实验内容。

(3)撰写实验报告。

①设计表格并填写实验数据。

②计算样品中组分含量。

实验 16　葡萄糖酸钙锌口服溶液的含量测定(设计性)

一、目的要求

(1)巩固配位滴定法及其应用。

(2)熟悉常见金属指示剂的使用方法。

二、实验提要

(1)设计实验方案，测定葡萄糖酸钙锌口服溶液中锌和钙的含量。

提示：

①实验方案应包括基本原理、仪器与试剂、操作步骤(含所用标准溶液的配制与标定、样品前处理以及金属指示剂使用条件)。

②葡萄糖酸钙锌口服溶液的规格：每 10 mL 含葡萄糖酸钙($C_{12}H_{22}CaO_{14} \cdot H_2O$)600 mg (含 Ca 54 mg)、葡萄糖酸锌($C_{12}H_{22}ZnO_{14}$)30 mg(含 Zn 4.2 mg)。

(2)完成实验内容。

(3)撰写实验报告。

①设计表格并填写实验数据。

②计算样品中锌和钙的浓度以及标示量百分含量。

实验 17　高效液相色谱法定量分析(设计性)

一、目的要求

(1)掌握高效液相色谱法分析条件的建立方法。

(2)巩固高效液相色谱仪的基本操作与色谱柱的性能检查。

(3)巩固高效液相色谱法的定量分析方法。

二、实验提要

(1)设计实验方案，用高效液相色谱法测定维生素 B_{12} 注射液中维生素 B_{12} 的含量。

提示：

①实验方案应包括基本原理、仪器与试剂、定量分析方法、样品处理过程、色谱条件(含色谱柱种类与规格、流动相组成、流动相流速、检测波长等)。

②维生素 B_{12} 注射液的规格：每 1 mL 含维生素 B_{12} 100 μg。

③对照品溶液浓度的参考值：20 mg/L。

（2）完成实验内容（包括配制流动相、制备对照品溶液和供试品溶液、考察实验条件等，选定的实验条件应符合一般系统适应性要求）。

（3）撰写实验报告。

①设计表格并填写实验数据。

②计算系统适应性参数。

③计算样品中维生素 B_{12} 的质量分数以及标示量百分含量。

附录　仪器操作规程

附录 A　752 型紫外-可见分光光度计操作规程

(1)检查仪器样品室内是否有东西挡在光路上。

(2)接通电源,打开开关(在仪器背面),仪器进入自检状态。自检结束后,显示器上显示"546 nm 100％",测量方式自动设在透光率方式上(％T),并自动调 100％和 0％T。

(3)按"FUNC"键选择所需光源,按"△"或"▽"波长设定键调好测定波长,仪器预热 20 min。

(4)仪器稳定后,将参比溶液和被测溶液分别倒入比色皿中,参比池放在比色皿架的第一个槽位,其余三个放样品池。比色皿光面置于光路中(若被测样品波长在 340～1 000 nm 范围内,则使用玻璃比色皿;若被测样品波长在 190～340 nm 范围内,则使用石英比色皿。比色皿的光面部分不能留有指印或溶液痕迹)。

(5)比色皿架的拉杆未拉出时,参比池被置于光路中。对参比溶液调透光率为 100.0％(按"100％T"键),此时参比溶液吸光度为 0.000。

(6)将比色皿架的拉杆拉出第一挡时,第一个槽位和第二个槽位之间的挡板置于光路中,显示屏上透光率应为 00.0％T(按"0％T"键)(使用者在不进行测量操作时,将挡板置于光路中,保护检测器)。

(7)测定样品吸光度时,方式设定选择"A",将样品置于光路中,显示屏即显示其 A 值。

(8)测定结束后,关闭开关,拔掉电源。将比色皿清洗干净,倒扣在吸水纸上。

(9)仪器归位,登记仪器使用情况。

附录 B　722 型紫外-可见分光光度计操作规程

(1)未接通电源前,对仪器的安全性进行检查,电源线接线应牢固,接地要良好,各个调节旋钮的起始位置应该正确。

(2)将灵敏度旋钮调至"1"挡(放大倍率最小)。

(3)开启电源,指示灯亮,选择开关置于"T",波长调至测试用波长,预热 20 min。

(4)打开试样室盖(光门自动关闭),调节"0"旋钮,使数字显示为"00.0",盖上试样室盖,将比色皿架置于蒸馏水校正位置,使光电管受光,调节透过率"100％"旋钮,使数字显示为"100.0"。

(5)如果显示不到"100.0",则可适当增加微电流放大器的倍率挡数,但尽可能置低倍率挡使用,这样仪器将有更高的稳定性。但改变倍率后必须按(4)重新校正"0"和"100％"。

(6)预热后,按(4)连续几次调整"0"和"100％",仪器即可进行测定工作。

(7)吸光度 A 的测量:按(4)调整仪器的"0"和"100％",将选择开关置于"A",调节吸光度调零旋钮,使得数字显示为".000",然后将被测样品移入光路,显示值即为被测样品的吸光度值。

（8）测定结束后，关闭开关，拔掉电源。将比色皿清洗干净，倒扣在吸水纸上。

（9）仪器归位，登记仪器使用情况。

附录 C　722S 型分光光度计操作规程

1. 预热

接通电源，打开开关，进行不短于 30 min 的预热。注意：由于仪器检测器（光电管）有一定的使用寿命，应当尽量减少对光电管的光照，因此在预热的过程中应打开样品室盖，切断光路。

2. 改变波长

通过旋转波长调节旋钮改变仪器的波长值。调节波长时，视线要与视窗垂直。

3. 放置参比样品和待测样品

（1）选择测试用的比色皿。

（2）把盛好参比样品和待测样品的比色皿放入四槽位样品架内。

（3）用样品架拉杆改变四槽位样品架的位置。当拉杆到位时有定位感，感觉到位后再轻轻推拉一下以确保定位正确。

4. 调 0％T

目的：校正读数标尺的零位，配合置 100％T 进入正确测试状态。分光光度计的检测器是基于光电效应的原理，但当没有光照射到检测器上时，也会有微弱的电流产生（暗电流），调 0％T 主要用于消除这部分电流对测定结果的影响。

调整时机：改变测试波长后；测试一段时间后。

操作：检视透光率指示灯是否亮。若不亮，则按 MODE 键，点亮透光率指示灯。打开样品室盖，切断光路后，按"0％ADJ"键即能自动调 0％T，一次未到位可加按一次。

5. 调 100％T

目的：校正读数标尺的零位，配合置 0％T 进入正确测试状态。

调整时机：改变测试波长后；测试一段时间后。

操作：将用作参比的样品置入样品室光路中，关闭样品室盖后按"100％ADJ"键即能自动调 100％T，一次未到位可加按一次。

注意：置 100％T 时，仪器的自动增益系统调节可能影响 0％T，调整后检查 0％T，若有变化则重复调整 0％T。

6. 选择操作模式

该仪器设置了四种操作模式，开机时仪器的初始状态设定在透光率操作模式。

（1）透光率：测试透光率。

（2）吸光度：测试吸光度。

（3）浓度因子：设定浓度因子。

（4）浓度直读：测试浓度和浓度直读。

7. 应用操作

（1）测定溶液的透光率（T）　①预热；②设定波长；③放置参比样品和待测样品；④调 0％T；⑤调 100％T；⑥选择透光率操作模式；⑦拉动拉杆，使待测样品进入光路；⑧记录测试数据。

(2)测定溶液的吸光度(A)　①预热;②设定波长;③放置参比样品和待测样品;④调0%T;⑤调100%T;⑥选择吸光度操作模式;⑦拉动拉杆,使待测样品进入光路;⑧记录测试数据。

(3)测定样品的A-λ吸收曲线　在要求测量的波长范围内,以合适的波长间隔逐点按测定样品吸光度的步骤重复执行,并将各波长对应的吸光度数据对相应波长作图,得到该样品的A-λ吸收曲线。

(4)运用A-c(吸光度-浓度)标准曲线测定物质浓度　①按照分析规程配制不同浓度的标准样品溶液并记录;②按分析规程配制标准参比溶液;③预热,改变波长,放置参比样品和待测样品,调0%T,调100%T;④选择吸光度操作模式;⑤测出不同浓度的标准溶液和待测样品对应的吸光度,并记录;⑥根据不同浓度的标准溶液对应的吸光度数据,用计算机软件拟合出A-c标准曲线;⑦根据待测样品吸光度和A-c标准曲线确定对应的浓度。

8.关机

(1)测定结束后,关闭开关,拔掉电源。将比色皿清洗干净,倒扣在吸水纸上。

(2)仪器归位,登记仪器使用情况。

附录D　UV-1100型紫外-可见分光光度计操作规程

1.开机

(1)确认电源是否连接,仪器光路中无阻挡物,关上样品室盖,打开仪器电源开关,等待仪器自检通过,自检过程中禁止打开样品室。

(2)仪器自检完成后进入预热状态。如需精确测量,预热时间应在30 min以上。

(3)确认比色皿的配对性以及洁净度。

2.光度测量

(1)在仪器面板的主界面上按左功能键(—)确认,进入"光度测量"。

(2)设置测定波长:按"GOTOλ"键,然后使用"∧"和"∨"键设定波长值,按左功能键(—)确认设定的波长值。

(3)校准100%T、0ABS:参比池中盛装空白溶液,置于光路中,关上样品室盖,按"ZERO"键调零。

(4)测量样品:将盛有试样溶液的样品池置于光路中,按左功能键(—)测量,结果会显示在面板上的数据列表中,重复本操作,完成所有样品的测量。

(5)打印数据:按"PRINT"键,然后使用"∧"和"∨"选择"打印,清除数据"选项,按左功能键(—)打印测量结果。

(6)删除数据:按"PRINT"键,然后使用"∧"和"∨"选择"不打印,清除数据"选项,按左功能键(—)删除数据。

3.关机

(1)测定结束后,将比色皿中的溶液倒尽,然后用蒸馏水或有机溶剂冲洗比色皿直至洁净,倒扣在吸水纸上晾干。

(2)关闭电源,仪器归位,盖上防尘罩,登记仪器使用情况。

附录 E　UV-2401 型紫外-可见分光光度计操作规程

1. 开机

(1)打开主机电源、计算机电源。

(2)进入 Windows 桌面,双击"Shimadzu",再双击"UV-2401",即进入 UV-2401 操作屏幕。仪器开始逐项自检,全部通过后,屏幕显示应用窗口。自检通过后有蜂鸣声提示。自检全部完成后,方可继续操作。在自检时,如各项检查均正常,界面在各项检查项后均显示为绿色图标;如存在故障,则该检查项后显示红色图标,此时应排除故障后,方能进行测定。

2. 光谱扫描操作

(1)选择主菜单"Acquire Mode"下子菜单"Spectrum"项,选择主菜单"Configure"项下子菜单"Parameters"项,设置扫描参数:扫描速度,波长范围,测量方式,狭缝宽度,采样间隔。按"OK"完成参数设定,回到测定界面。

(2)参比池和样品池均盛以空白溶液,置于样品室内,关上样品室门。

(3)选择"Base Line",开始进行扫描,基线校正完毕后,样品池换上供试品溶液。

(4)按"Start"开始扫描,扫描结束,出现文件名对话框,选择"Save"保存或"Discard"删除数据。如测多份样品,更换样品溶液后点击"Start"即可。

(5)检测峰,选择"Manipulate"下"Peak Pick",选择"Output"下"Save Table"保存数据为文本文档。

(6)将光谱图、文本文档(上述保存的文档)、测定参数等打印在一起。选择"Presentation"菜单下"plot",在 A、B、C、D 项后选择要打印内容及文件名,然后在 1、2、3、4 位置排好版,按"Print"即可。

3. 定量测定操作

(1)选择"Acquire Mode"项下"Quantitative"项,设置定量测定参数:定量方法,波长,记录范围,狭缝宽度,重复次数,浓度范围。按"OK"完成参数设定,回到测定界面。

(2)参比池和样品池均盛以空白溶液,置于样品室内,关上样品室门。选择"Auto Zero",仪器自动调零。

(3)将标准品加入比色皿中,置于样品室内,选择"Standard",选择"Read",出现"Edit Standard"对话框,输入标准品溶液浓度,依次测定一系列标准品的浓度,建立工作曲线。

(4)将样品加入比色皿中,置于样品室内,选择"Unknown",选择"Read",计算机自动计算出样品数据。

(5)测定结束时,从"File"菜单中选择"Save as"输入文件名。

4. 关机

(1)测定结束后,单击"Exit",退出主屏幕,关闭电源,清洗比色皿。

(2)仪器归位,登记仪器使用情况。

附录 F　UV-5500 型紫外-可见分光光度计操作规程

1. 开机、自检

检查样品室(确保样品室内无挡光物质,光路畅通),关闭样品室盖。

打开电源,仪器自检;预热 20~30 min,待测。

2.光度测量

(1) 功能选择　在仪器的主操作界面,按上下选择键选择"光度测量"、"定量测量"或"系统设定"功能,按"ENTER"键确定,进入相应功能界面。

(2) 波长设定　在光度测量、标样个数设定或系数法界面,按"GOTOλ"键,进入波长设定界面,输入所需测试的波长值后,按"ENTER"键确定。

(3) 调 0.000Abs/100.0%T　在光度测量主界面或测量界面下,将参比溶液放入光路中,按"ZERO"键对当前工作波长下的参比溶液调 0.000Abs/100.0%T。

(4) 光度测量　在光度测量主界面或测量界面下,将待测样品拉(推)入光路中,按"ENTER"键进入测量界面(若已经在测量界面下,则无须进行此项操作,直接进行后面的操作),按"START"键在当前工作波长下对样品进行吸光度或透光率的测量。

(5) 标准曲线的建立　进入"定量测量"主界面下,选定"标准曲线法",选择"新建曲线",设定测试波长(在标样个数设定界面,按"GOTOλ"键,进入波长设定界面),进行标样个数和测量次数的设定。用参比溶液调 0.000Abs/100.0%T,将第一个标准样品拉(推)入光路中,再按"ENTER"键,此时仪器自动将标准样品的吸光度值(透光率值)采入。根据系统提示,逐步进行标样浓度的设定与测量,最后系统自动生成标准曲线。若想用该标准曲线对未知样品的浓度进行测试,按"START"键,进入浓度测试界面,用上述标准曲线测试浓度,将参比溶液拉(推)入光路中,调 0.000Abs/100.0%T,再将未知浓度的样品拉(推)入光路中,按"START"键,显示器上便可读出相应样品的浓度。

(6) 系数法的运用　进入"定量测量"主界面,选择"系数法",设定曲线参数(按"SET"键进入曲线参数选择界面),设定测试波长(按"GOTOλ"键,进入波长设定界面)。样品测试时先用参比溶液调 0.000Abs/100.0%T,再将未知浓度的样品拉(推)入光路中,按"START"键,显示器上便可读出相应样品的浓度。

3.关机

(1) 测定结束后,将比色皿中的溶液倒尽,然后用蒸馏水或有机溶剂冲洗比色皿直至洁净,将比色皿倒扣在吸水纸上晾干。

(2) 关闭电源,仪器归位,将干燥剂放入样品室内,盖上防尘罩,登记仪器使用情况。

附录 G　Nicolet IR-100 型红外分光光度计操作规程

1.压片

(1)取 0.1~0.2 g KBr 于玻璃研钵中,在红外灯下研匀,并除去水分。

(2)将 KBr 倒入模具中,装好模具,放上压片机,同时抽真空。

(3)关闭放油阀:顺时针转动 1/4 圈。

(4)压动加压杆,至压力表读数为 10~20 MPa,停留 2 min。

(5)打开放油阀:逆时针转动 1/4 圈,注意不可将放油阀逆时针旋转过多。

(6)取下模具,小心打开模具,可见透明的 KBr 薄片,即可供扫描。

(7)取样品粉末 1~2 mg、KBr 0.1~0.2 g,在红外灯下研匀,从步骤(2)操作即可。

2.光谱扫描

(1)打开主机电源,预热 30 min。

(2)打开计算机,双击"Encompass",进入操作界面。

(3)首先进行空白扫描,在样品架上装上空白片,打开"Collect →Background"。

(4)对样品片扫描:Collect →Sample。扫描结束存入样品名。

(5)对已扫描的谱图进行分析:Analyze →Find Peaks(寻找峰,标出波数值)。

(6)对扫描谱图进行处理:Process →Smooth(每点一次可使基线平滑)→Annotation(可把波数拖至任一位置)。

(7)设置报告方法:Setup →Print Options→…。

(8)打印报告:File →Print。

3.关机

(1)测定结束后,退出工作站,关闭计算机,关闭电源。取出样品,用乙醇清洗模具。

(2)仪器归位,登记仪器使用情况。

附录 H　Nicolet iS 5 型红外分光光度计操作规程

1.压片

(1)取 0.1~0.2 g KBr(光谱纯),置于玛瑙研钵中,在红外灯下研匀并除去水分。

(2)将 KBr 倒入压片模具中,装好模具,放上压片机,同时抽真空。

(3)关闭放油阀:顺时针转动 1/4 圈。

(4)压动加压杆,至压力表读数为 10~20 MPa,停留 2 min。

(5)打开放油阀:逆时针转动 1/4 圈,注意不可将放油阀逆时针旋转过多。

(6)取下模具,小心打开模具,若成功制得透明的 KBr 薄片(空白),即可供扫描。

(7)取样品粉末 1~2 mg,加入 0.1~0.2 g KBr(光谱纯)中,置于玛瑙研钵中,在红外灯下研匀,从上述步骤(2)开始操作,可制得含样品的 KBr 薄片。

2.样品测试

(1)打开主机电源,预热 30 min。

(2)打开计算机,运行 "OMNIC" 程序,选择"采集"菜单下的"实验设置"选项。点击"光学台",MAX 为 6 左右,表示仪器稳定,点击"确定"。

(3)点击"采集"菜单下的"采集样品",输入样品名称后点击"确定";弹出"请准备采集背景"对话框,点击"确定";出现"采集样品"对话框后,将制备好的样品迅速放入仪器样品室的固定位置上,点击"确定",即可得到样品的红外光谱图。

(4)谱图处理:点击菜单"图谱分析"中的"标峰",上下点击鼠标,标出所需峰值,点击右上角的"替代",即可得到有峰标记的红外光谱图。

(5)谱图保存:选择"文件"菜单下"另存为",把谱图存到相应的文件夹。

3.关机

(1)测定结束后,退出工作站,关闭计算机,关闭分光光度计电源。

(2)取出样品,用乙醇清洗模具。

(3)仪器归位,登记仪器使用情况。

附录 I   970 CRT 型荧光分光光度计操作规程

1. 开机

(1)打开氙灯电源。氙灯亮,指示灯发出红光。

(2)打开主机电源。

(3)打开计算机电源,计算机开始自检。自检完成后,即自动进入系统初始化,此时需等待 5 min 左右,无特殊情况不要退出操作。可用鼠标在菜单选择项下打开菜单窗口选择工作方式或进行参数设置等操作。

2. 测量

(1)标准曲线的制备   点击"测量方式"菜单,选定时间扫描方式,设定测量参数,然后在"数据处理"菜单中打开"绘制标准曲线"项,此时屏幕显示绘制标准曲线视窗,用户即可将制备的标准样品或本底逐个放入样品室,测定 INT 值或本底(如不需要扣除本底,则只需单击"清本底"键)。在测量前将该样品的标准浓度键入浓度值长方框内,样品输入测定结束后,用鼠标单击"1 次拟合"、"2 次拟合"或"3 次拟合"即可得到理想的标准曲线。标准曲线可保存备用。

(2)定量分析   首先按照时间扫描方式设定好所有测量参数,然后在"测量方式"菜单中单击"定量分析"项,再单击控制键"开始测定",屏幕显示浓度测定视窗,即可将被测样品或本底样品池放入样品室,进行 INT 和浓度值或本底的测定。测定中如需扣除本底,可先单击"测本底"键,对本底进行测量,然后再测 INT 值就可以自动扣除本底;如不需要扣除本底,则只需单击"清本底"键即可。

3. 关机

关机时,退出应用程序窗口。先关闭计算机,然后关闭主机电源,最后关闭氙灯。

附录 J   AA-6300 C 型原子吸收分光光度计操作规程

1. 开机

(1)安装空心阴极灯:将需要使用的空心阴极灯插入灯座内。

(2)打开主机电源,打开抽风机。

2. 火焰法

(1)开乙炔气,主阀一圈半,二次压力 0.09 MPa,不超过 0.12 MPa。然后打开空气压缩机,输出压力 0.35 MPa,不超过 0.4 MPa。

(2)运行软件"WizAArd",设置仪器参数。向导过程中有安全检测部分,必须认真一一检查后再确认,主要有:①乙炔主表不低于 0.5 MPa;②燃气出口压力 0.09 MPa(不超过 0.12 MPa),助燃气 0.35 MPa(不超过 0.4 MPa);③每次开机时,检查气管、废液管是否漏气漏水;④检查废液罐,确保其有水;⑤检查废液管,确保其在水面之上;⑥检查完毕,点击"确定"。

(3)点火:同时按住黑白两个按钮几秒钟,直至火点着,松开按钮。

(4)待显示数据稳定后,点击"自动调零",再点击"空白"测空白值。

(5)依次进标准样,数据稳定后,点击"开始"测量,得到标准曲线。

(6)进待测样品,数据稳定后,点击"开始"测量,得到测定值。

(7)关机:①吸去离子水,空烧 5 min 后,按主机面板上的"EXTINGUISH"键熄火;②关闭乙炔气瓶主阀,按主机面板上的"PURGE"键,使余气排空直至主压阀压力表读数下降为零;③关闭空气压缩机(给空压机排水、放气)、主机和计算机电源;④关闭抽风机,对仪器进行必要的清洁维护保养,填写仪器使用记录。

3.石墨炉法

(1)打开石墨炉、自动进样器及循环水系统电源。

(2)打开氩气阀门,确认输出压力 0.35 MPa。

(3)运行软件"WizAArd",进入自检。

(4)选择测定的元素及方法,编辑方法。

(5)用自动进样器将一定量样品注入石墨炉进样口后,点击"开始"键。

(6)系统自动计算得出标准品和样品测量数据,存储和打印数据。

(7)关机:①石墨炉法检测完毕,空烧一次去除残留物;②关闭氩气阀门、循环水系统、石墨炉、自动进样器、主机和计算机电源;③关闭抽风机,对仪器进行必要的清洁维护保养,填写仪器使用记录。

附录 K　SP2100 型气相色谱仪操作规程

1.仪器组成

(1)气源部分,包括氮气钢瓶、氢气发生器、空气发生器。

(2)气相主机,包括氢火焰离子化检测器(FID)、热导检测器(TCD)。

(3)计算机及 C-21 色谱数据采集单位。

2.采样操作步骤

(1)选择合适的色谱柱,一端安装于进样器,另一端安装于所用的检测器口。如使用热导检测器,必须同时装两根色谱柱。

(2)打开载气钢瓶的总阀及减压阀至 0.4~0.5 MPa,确定有载气流出后,打开气相色谱仪主机电源开关。在面板上按"状态/设定"键进入设定参数界面,设定柱温(恒温、程序升温)、设定进样器温度,设定所选用的检测器温度。程序升温包括起始温度、起始时间、升温速率、结束温度、结束时间等。

(3)打开氢气发生器和空气发生器开关,平衡 10 min。按住气相主机上"点火"钮数秒钟即可。按"状态/设定"键切换到状态界面,可观察到信号显示及仪器各部件状态。

(4)打开计算机,双击 BF-2002 色谱工作站图标进入色谱工作站。

①进入"设定方法"设置采集时间,设置采样通道(FID 检测器选 A 通道,TCD 检测器选 B 通道),进入"数据采集",点击"开始采样"。

②用微量注射器取样,注入样品,立即按 C-21 色谱数据采集单位的触发钮,即开始记录色谱图(如使用程序升温,必须再按主机面板上"Start"钮,触发程序升温)。采样结束弹出存储谱图对话框,命名、保存色谱图。

③打开"谱图处理"进行积分编辑,并保存处理结果。

④打开"打印"菜单下,点击"打印",即打印报告。

3.关机

(1)实验结束,关闭工作站,关闭氢气发生器和空气发生器开关。

(2)主机降温,在面板上按"状态/设定"键进入设定参数界面,设置柱温 30 ℃,进样器 40 ℃,检测器 40 ℃。等温度降到设定值后,关闭主机电源。

(3)关闭载气,仪器归位,填写使用记录。

附录 L　GC-1120 型气相色谱仪(FID)操作规程

1. 仪器组成

(1)气源部分:氮气钢瓶、氢气发生器、空气压缩机。

(2)主机部分:氢火焰离子化检测器(FID)。

(3)计算机及 N2000 色谱工作站。

2. 操作步骤

(1)选择合适的色谱柱,一端连接进样器,另一端连接检测器(FID)。

(2)打开载气钢瓶的总阀及减压阀至 0.4~0.5 MPa,确定有载气流出后,打开气相色谱仪主机电源开关。待仪器自检和初始化后,在面板上显示全部通过并发出两声蜂鸣声,屏幕跳到"主菜单"界面。按数字键 4 进入"4. 常规信息"界面,设置进样器温度、柱箱温度及检测器温度等参数。如需采用程序升温,则返回"主菜单"界面,按数字键 2 进入"2.柱箱"界面,设置升温程序,设置完毕后按"启动"键,仪器开始升温程序。

(3)打开氢气发生器和空气压缩机电源开关,通气 10 min。进入"主菜单"界面,按数字键 3 进入"3.检测器"界面,按数字键 1,进入 FID 界面。按 ▲ 或 ▼ 移动光标,选择"A 路点火开关",按 ▶ 点火,状态由"OFF"变为"ON",产生氢火焰。

(4)打开计算机,双击 N2000 色谱工作站图标,进入色谱工作站。出现"打开通道 1"或"打开通道 2"画面,在"1"或"2"或两者旁边点击,打上"√",再单击"OK",即可进入 N2000 在线色谱工作站。

(5)出现"实验信息"界面,进行实验信息编辑。单击"方法",进行实验方法编辑。

(6)单击"采集控制",完毕后,单击"采用"按钮。用微量注射器取样,注入样品,立即按"采集数据",即开始记录色谱图。采集数据完毕,点击"停止采集",完成采集。

(7)打开"离线色谱工作站"进行积分编辑,并保存处理结果。

(8)打开"打印"菜单,点击"打印",即打印报告。

3. 关机

(1)实验结束,关闭工作站,关闭氢气发生器和空气压缩机开关。

(2)主机降温,在面板进入"4. 常规信息"设置参数界面,设置:柱温 30 ℃,进样 40 ℃,检测器 40 ℃。待温度降到设定值后,关闭主机电源。

(3)关闭载气,填写使用记录。

附录 M　Agilent 1100 型高效液相色谱仪操作规程

1. 仪器组成

Agilent 1100 高效液相色谱系统主要由工作站、在线脱气机、输液泵、自动进样器、柱温箱和检测器等部件组成。各部分的操作及数据处理均由工作站计算机控制完成,其操作系统为 Windows 2000。

2. 开机操作

(1)接通电源,打开计算机及工作站其他各部件开关,约 30 s 后,各部件预热完毕,进入待机状态,指示灯为黄色或无色。

(2)打开"HP Chem Stations",进入"Instrument 1 online"状态,约 30 s 后,计算机进入工作站的操作页面。该页面主要组成如下:

①最上方为命令栏,依次为"File","Run Control","Instrument"等;

②命令栏下方为快捷操作图标,如多个样品连续进行分析、单个样品进样分析、调用文件、保存文件等;

③左边为样品信息栏;

④中部为工作站各部件的工作流程示意图,依次为进样器→输液泵→柱温箱→检测器→数据处理→报告;

⑤中下部为动态监测信号;

⑥右下部为色谱工作参数:进样体积、流速、分析停止时间、流动相比例、柱温、检测波长等。

3. 色谱条件的设定方法

(1)直接设定　在操作页面的右下部——色谱工作参数中设定。将鼠标移至要设定的参数如进样体积、流速、分析时间、流动相比例、柱温、检测波长等,单击,即可显示该参数的设置页面,键入设定值后,单击"OK",即完成。

(2)调用已设置好的文件　在命令栏"Method"下,选择"Load Method",或直接单击快捷操作的"Load Method"图标,选定文件名,单击"OK",此时,工作站即调用所选用文件中设定的参数。如欲修改,可在色谱工作站参数中作修改;也可以在命令栏"Method"下,选择"Edit Entire Method",随后工作站即按顺序出现一系列参数设置页面,在每个页面中键入设定值,单击"OK",即完成。

(3)编辑新文件　先在命令栏"Method"下,选择"New Method",然后在命令栏"Method"下,选择"Edit Entire Method",在每个参数设置页面下键入设定值,完成后,在命令栏"Method"下,选择"Save Method",给新文件命名,单击"OK",即完成。

4. 仪器的运行

当色谱参数设置完成后,单击工作站流程图右下角的"On",仪器开始运行。此时,画面颜色由灰色转变成黄色或绿色。当各部件都达到所设参数时,画面均变为绿色,左上角红色的"Not Ready"变为"Ready",表明可以进行分析(此时如果要终止仪器的运行,可单击流程图右下角的"Off",再单击"Yes",关闭输液泵、柱温箱和检测器氘灯)。

5. 进样分析

(1)单个样品进行分析　在命令栏"Run Control"下,选择"Sample Info..."或单击快捷操作的一个小瓶图标,然后单击样品信息栏内的小瓶,选择"Sample Info...",即打开了样品信息页面,可输入操作者(operator name)、数据存储通道(subdirectory)、进样瓶号(vial)、样品名(sample name)等信息,单击"OK",待进样分析。

(2)多个样品连续进行分析　单击快捷操作的三个小瓶图标,然后单击样品信息栏内的样品盘,选择"Sequence Table",即进入连续进样序列表的编辑,可输入进样瓶号、样品名、进样次数、进样体积等信息,单击"OK",待进样分析。

(3)单击样品信息栏上方绿色的"Start",自动进样器即按照(1)或(2)设置的程序进行分析。如欲终止分析,可单击样品信息栏上方红色的"Stop",否则,仪器将运行至色谱参数设置中所设定的分析停止时间才结束分析。

6. 数据处理

在命令栏"View"下,选择"Data Analysis",进入数据处理界面。该界面最上方为命令栏,依次为"File","Graphics","Integration"等。命令栏下为快捷操作图标,如积分、校正、色谱图、单一色谱图调用、多色谱图调用、调用方法、保存方法等。

(1)调用色谱图　在命令栏"File"下,选择"Load Signal"或单击快捷操作的单一色谱图调用图标,选择色谱图文件名,单击"OK",界面中即出现所调用的色谱图。

(2)积分　先调用所要分析的色谱图,在命令栏"Integration"下,选择"Integrate"或单击快捷操作的积分图标,此时仪器按内置的积分参数给出积分结果。如欲对其中某些参数进行修改,可在命令栏"Integration"下,选择"Integrate Events"或单击快捷操作的编辑/设定积分表图标,此时,在屏幕下方左侧出现积分参数表,右侧为积分结果,在积分参数表中按实际的要求输入修改的参数,如斜率、峰宽、最小面积、最低峰高等。在命令栏"Integration"下,选择"Integrate"或单击快捷操作的"对现有色谱图积分"图标,仪器即按照新设定的积分参数重新积分,完成后,单击积分参数表中"取消积分参数表"的快捷图标,保存所作的参数修改,单击"OK",即可退出。

(3)校正　如果需要进行标准曲线制作,可按此项进行操作。先调用第一色谱图,在命令栏"Calibration"下,选择"New Calibration Table"或单击快捷操作左边的校正(为天平画面)图标,再单击快捷操作画面右侧的新校正表("Calibration"下第一个天平画面)图标。在此时出现的页面上,选择"Automatic Setup Level",并设校正数为"1",单击"OK",在画面的下方左侧出现校正表,右侧为校正图。然后选择快捷操作的校正表选项(右下角带叉的天平画面)图标,根据实际要求设计校正表的各栏参数,单击"OK",即可完成。在画面左下侧的校正表中选择所要的色谱峰,并输入校正级数和样品浓度,如果采用内标法,需对内标进行标记。调用第二色谱图,在命令栏"Calibration"下,选择"Add Level",设为"2",单击"OK",在画面左下侧的校正表中输入校正级数和样品浓度。调用第三色谱图,重复上述操作,逐级增加校正级数,至校正数据调用完毕(如需对校正表中的某些数据进行重新修正,可调用新的图谱,在命令栏"Calibration"下,选择"Recalibration",并在校正表中输入校正级数,样品浓度。此时,校正表右侧自动绘制各组分的标准曲线,并进行线性回归。单击校正表中的"Print",可进行打印。

7. 分析报告的打印

在命令栏"Report"下,选择"Specify Report"或单击最右侧快捷操作的定义报告及打印格式(右下角带叉的报告画面)图标,根据实际要求选择报告的格式和输入形式等,单击"OK"即可完成。例如,可在"Destination"项下选择"Screen";在"Quantitative Result"项下,对"Calculate"选"Percent",对"Based on"选"Area",对"Sorted by"选"Signal";在"Style"项下,对"Report Style"选"Short",再依次选择"Sample info on each page"、"Add chromatogram output"。然后,选择快捷操作的报告预览图标,可预览报告的全貌,单击"Print",即可进行报告的打印。最后,单击"Close"退出此操作界面。

8. 关机

(1)在命令栏"View"下,选择"Method and Run Control",回到主控制页面,在命令栏

"File"下,选择"Exit",单击"Yes"关闭"Instrument 1 online",再单击"Yes",关闭输液泵、柱温箱及检测器氖灯。

(2)在化学工作站页面上,在"File"下选"Close",退出"HP Chem Stations"。

(3)关闭计算机及工作站各部件电源开关,做好使用登记。

附录N　Agilent 1220型高效液相色谱仪操作规程

1.仪器组成

该仪器由高压输液泵、紫外检测器、手动进样器、EZChrom色谱工作站组成。

2.操作步骤

(1)准备流动相(流动相需过滤并超声脱气)。按色谱柱上标示的流动相流经方向连接色谱柱,打开计算机和色谱仪的电源开关,确认计算机与色谱仪主机连接。

(2)双击进入EZChrom工作站,打开旁通阀(逆时针旋转90°~180°),通过色谱工作站在线控制泵的流速,并进行过滤器至泵的冲洗操作。流速≤5.00 mL/min。

(3)流速调至≤1.00 mL/min后,关闭旁通阀(顺时针旋转90°~180°)。

(4)在工作站中打开"VWD"开关,开启紫外检测器。

(5)选择"控制"→"仪器状态",设置采集时间、检测波长、流速等参数。设置完成后,点击"文件"菜单下"方法另存为",保存方法。点击"下载",使参数传至仪器各部分。

(6)待仪器稳定后,按"控制"→"单次运行"按钮,依次填写样品名、样品ID,选择上述保存的方法文件,并在数据存储路径中填写文件名,点击"确定"。

(7)桌面下方黄色提示框变为紫色,提示"等待触发",扳动进样阀手柄至"Load"位置,将微量进样器中的样品推入仪器后,扳动进样阀手柄至"Inject"位置,完成进样,开始色谱分离与分析检测。

(8)分析结束后,进入"离线打开",打开被分析文件。

(9)选择"积分事件",设置合适的积分参数进行自动积分。

(10)得到结果后,点击"自定义报告",编辑报告方式,编辑完成后保存文件。将处理好的数据以编辑好的模板输出报告。

(12)关闭检测器,冲洗色谱柱,将流速降到0,然后依次关闭泵、检测器等设备。关闭工作站所有窗口,退出工作站,再依次关闭计算机主机、显示器。

(13)关闭电源,填写仪器使用记录。

附录O　Agilent 1260型高效液相色谱仪操作规程

1.开机

(1)打开计算机,登录Windows操作系统。

(2)打开主机各模块电源(从上至下),待各模块完成自检后,双击桌面"仪器1联机"图标,进入化学工作站,从"视图"菜单中选择"方法和运行控制"界面。

(3)把各流动相放入溶剂瓶中。

(4)逆时针旋开排气阀,右键单击四元泵图标,出现快捷键,点击"方法"选项进入泵编辑画面。将泵流量设置为5 mL/min,溶剂A设置为100%,打开泵,排出管线中的气体2~3 min,

直至管线内由溶剂瓶至泵入口无气泡为止。查看柱前压力,如果大于 10 bar,则应更换排气阀内的过滤头。

(5)依次切换到溶剂 B、C、D,分别排出各管线内的气体。

(6)将泵的流量设置为 0.5 mL/min。若为多元泵,则再设置溶剂比例,如 A 80%,B 20%。顺时针关闭排气阀。

(7)将泵的流量设置为 0.8 mL/min,2 min 后将泵的流量设置为 1 mL/min,冲洗色谱柱 20~30 min。

(8)把缓冲液换成流动相,待柱前压力基本稳定后,打开检测器灯,观察基线情况。

2. 数据采集方法编辑

(1)编辑样品信息:由"运行控制"进入"样品信息",设置操作者姓名、样品数据文件名等。

(2)编辑完整方法:从"方法"菜单中选择"编辑完整方法"项,单击"确定",进入"方法注释"界面,编辑好后单击"确定",进入"选择进样源"界面,选中"ALS"后单击"确定",进入"设置方法"界面,进行参数设置。

(3)四元泵参数设置:在"流速"处输入流速(如 1 mL/min),在"溶剂"处选中 B 并输入"80%",在右侧注释栏中标明各溶剂的名称;设置"停止时间"和"后运行时间",在"压力限值"处输入色谱柱的最高耐压以保护色谱柱;在"时间表"中添加编辑梯度。

(4)进样器参数设置:在进样模式中输入进样量。"标准进针"只能输入进样体积,此方式没有洗针功能;"针清洗后进样"可以输入进样体积和洗瓶位置,此方式下进样针从样品瓶抽取完样品后自动在洗瓶中洗针。

(5)进样器进样程序参数设置:选中使用进样程序,在"函数"中添加相应函数,即可按程序进样。

(6)TCC 检测器参数设置:在"温度"左侧下方的方框内输入所需温度,并选中它;在右侧选中"与左侧相同",使柱温箱的温度左右一致。

(7)VWD 检测器参数设置:在"波长"下方的空白处输入所需的检测波长(如 254 nm),在"峰宽(响应时间)"下方点击下拉式三角框,选择合适的响应时间(如">0.1 min"),再设置"停止时间"和"后运行时间"。

(8)仪器曲线设置:选择默认值即可。

3. 数据处理

(1)从"视图"菜单中单击"数据分析",进入数据分析界面。

(2)从"文件"菜单选择"调用信号",选中数据文件名,单击"确定"。

(3)谱图优化,从"图形"菜单中选择"信号"选项,从"范围"中选择"自动量程"及合适的显示时间,单击"确定"。或选择"自定义量程",反复调节直至比例合适为止。

(4)积分:从"积分"中选择"自动积分"。如果积分结果不理想,再从菜单中选择"积分事件"选项,选择合适的斜率、灵敏度、峰宽、最小峰面积、最小峰高等参数。从"积分"菜单中选择"积分"选项,则谱图被积分。获得满意的积分结果后,单击左侧图标将积分参数存入方法。

(5)校正表设计:点击"校正"菜单中的"校正设置",给出各个参数;点击"确定",调出建立校正表所需的谱图,并对谱图进行图形优化和积分优化;点击"校正"菜单中的"新建校正表",在"新建校正表"栏中选择"自动设定",点击"确定";在"校正表"中给出正确的"化合物名称"和"含量";如需增加校正点数,给出第二个校正点的"含量"。校正表建立完成后,点击"确定",再点击"保存"图标,将校正表存入方法。

(6)打印报告：从"报告"菜单中选择"设定报告"选项，进入界面，单击"定量结果"框中"定量"右侧的黑三角，选中"百分比法"，其他选项不变，单击"确定"。从"报告"菜单中选择"打印"，可将报告结果显示于屏幕上。点击"报告"底部的"打印"按钮将报告结果输出到打印机。

4.关机

(1)关机前，用水-有机溶剂（体积比为 95：5，有机溶剂常用甲醇或乙腈）冲洗色谱柱 0.5～1 h，流量 0.5～1 mL/min，再用 100%有机溶剂冲洗 0.5 h，然后关闭输液泵。

(2)退出化学工作站及其他窗口，关闭计算机。

(3)关闭主机电源开关。

附录 P　Agilent 7890A-5975C 型气相色谱-质谱联用仪操作规程

1.仪器使用前的检查

(1)检查氦气钢瓶气体压力。若压力低于 0.5 MPa，应及时更换钢瓶，不要用完。

(2)确认仪器背面电源线、信号线、铜管等无脱落现象，机械泵的油颜色清亮。

(3)检查 GC 炉箱：色谱柱安装正确，箱内无异物。

(4)如使用自动进样器，确认其安装在取样位置，且进样针抽提自如；确认溶剂瓶填装溶剂类型正确、溶剂量合适。

(5)确认仪器面板上干净整洁，没有任何有机溶剂、样品，以免洒落污染仪器。

2.开机

(1)打开氦气阀，调节减压阀压力至 0.5 MPa。

(2)开启不间断电源(UPS)的开关以及控制主机的开关。

(3)开启位于仪器正面下部的色谱仪开关。确认放空阀拧紧后，开启质谱仪开关。此时机械扩散泵启动，达到一定真空度后分子涡轮泵开始工作。观察质谱仪面板数据，如果 8 min 内分子涡轮泵转速达到 85%以上，表示仪器状态正常，否则应停止下一步操作并检查仪器是否漏气。

(4)打开计算机，双击桌面 GC-MS 图标进入数据采集界面，双击 GC-MS 数据分析图标进入数据处理界面。

(5)点击"View→Tune and Vacuum Control"，进入调谐和真空控制界面，点击"Vacuum→Pump Down"，按提示逐项检查仪器各部件情况，2 h 后即可进行调谐和样品分析。

3.样品分析

(1)将待分析试样、溶剂瓶、废液瓶放入自动进样器的指定瓶位。

(2)点击"Method→Load Method"，调用样品对应的方法文件，进行采样分析。如果待测试样为新样品，则需重新建立分析方法文件。操作方法为：点击"Method→Edit Entire Method"，按提示逐项输入色谱参数，然后将文件另存为新的方法文件。

(3)点击"Sequence→Edit Sequence"，输入样品信息，单击确定并运行方法。

(4)采样结束后，在 GC-MS 数据分析界面，从"文件"菜单选择"调用数据文件"命令，在对话框中找到对应文件号，调入数据文件。采样期间也可在 GC-MS 数据分析界面从"文件"菜单点击"Take Snapshot"，查看当前所采集的数据。

(5)调入数据后，上部显示 TIC 图，在组分峰处双击鼠标右键，下部显示质谱仪采集的组分质谱图；在平坦基线处双击鼠标右键，则下部显示本底；从谱图菜单点击"相减"(abstract)，下部显示扣除本底后的组分质谱图。

(6)在组分质谱图内双击鼠标右键,系统进行谱库检索,显示最相似的化合物及标准谱图。系统配备有 NIST08 标准谱库,检索时需指定。方法如下:从"谱图"菜单选择"谱库",在弹出的对话框中,点击"浏览",选中 NIST08 数据库。

(7)样品分析完毕,让仪器处于待机状态,将柱温设置为 40 ℃,载气流速设置为 0.8 mL/min。清理仪器及实验台,保持仪器整洁。

(8)峰纯化的操作:右键拖动需要纯化的部分,右键双击需要扣除的部分,点击"色谱"菜单,选择"相减"。

4. 关机

特殊情况下需要关机,按照如下方法操作:

在 GC-MS 界面,从"方法"菜单调用"关机"方法,等传输线及进样口温度降到 100 ℃ 以下后,从"视图"菜单选择"调谐和真空控制",进入调谐界面。点击"真空"菜单下的"放空",待分子涡轮泵转速降至 0,同时离子源和四极杆温度降至 100 ℃ 以下(大约 40 min),则 MS 工作站将提示放空与降温结束并自动关闭。关闭 MS 数据分析界面,并依次关闭 GC、MS 电源,最后关闭载气,关闭计算机。

5. 更换色谱柱

更换色谱柱时,打开离子源,以便观察色谱柱伸出长度。色谱柱需要切平。打开质谱仪时,应轻压离子源,以使色谱柱彻底压紧压平。待色谱柱压紧后上紧螺丝。开启电源,抽真空工作,2 h 后调谐并检测是否漏气。

参 考 文 献

[1] 华中师范大学,陕西师范大学,东北师范大学,等.分析化学实验[M].2 版.北京:高等教育出版社,1986.

[2] 华中师范大学,陕西师范大学,东北师范大学,等.分析化学实验[M].3 版.北京:高等教育出版社,2001.

[3] 张广强,黄世德.分析化学实验[M].北京:学苑出版社,2001.

[4] 浙江大学,华东理工大学,四川大学.新编大学化学实验[M].北京:高等教育出版社,2002.

[5] 单尚,倪哲明,等.现代大学化学实验[M].北京:中国商业出版社,2002.

[6] 徐家宁,门瑞芝,张寒琦.基础化学实验 上册:无机化学和化学分析实验(上)[M].北京:高等教育出版社,2006.

[7] 李发美.分析化学[M].6 版.北京:人民卫生出版社,2007.

[8] 武汉大学.分析化学实验[M].4 版.北京:高等教育出版社,2000.

[9] 王冬梅.分析化学实验[M].2 版.武汉:华中科技大学出版社,2017.

[10] 孙毓庆,胡育筑.分析化学[M].2 版.北京:科学出版社,2007.

[11] 张广强,黄世德.分析化学(上、下)[M].北京:学苑出版社,2001.

[12] 曾元儿,张凌.分析化学[M].北京:科学出版社,2008.

[13] 张凌,曾元儿.仪器分析[M].北京:科学出版社,2008.

[14] 曹雨诞,张丽.分析化学实验[M].南京中医药大学自编,2002.

[15] 北京中医药大学.化学定量分析实验[M].北京中医药大学自编,2007.

[16] 黄建梅,曹枫.仪器分析实验讲义[M].北京中医药大学自编,2007.

[17] 成都科技大学,浙江大学.分析化学实验[M].2 版.北京:高等教育出版社,1989.

[18] 黄桂林.中医药基础化学实验[M].北京:中国协和医科大学出版社,2000.

[19] 王新宏.分析化学实验[M].北京:科学出版社,2009.

[20] 王亦军,李月云,张浴晖.分析化学实验[M].北京:化学工业出版社,2009.

[21] 郭戎,史志祥.分析化学实验[M].北京:科学出版社,2013.

[22] 池玉梅.分析化学实验[M].2 版.北京:中国医药科技出版社,2018.